# 復学支援

ある日、うちの子が
学校に行かなくなったら

❷

復学カウンセラー
鈴木あや

けやき出版

# はじめに

小学生・中学生の「復学カウンセラー」をしている鈴木あやと申します。

まず、読者のみなさんにお伝えしたいことがあるんです。

不登校について、いろんな立場で、さまざまな考え方がありますが、みなさん真剣に、この問題に取り組んでいます。

このことを前提にして、これからしていくお話に耳を傾けていただけたらなあと思っています。

この本を手に取ってくださった方のなかには、お子さんの復学について「難しいなあ」と感じている親御さんも少なくないと思います。

私も実は、わが子の不登校に悩んでいるときは、そう思っていました。

ところが、ある日を境に、私の考えは変わりました。

復学は、実は難しくないということがわかってきたのです。

そして、私は十五年以上前から復学カウンセラーをしているのですが、担当したお子さんたちは全員、再登校をし、継続して登校しています。


多くの親御さんたちが「難しい」と思ってしまうのはなぜなのでしょうか。

その〝答え〟に気づくお手伝いをするのが、私の仕事です。


不登校のお子さんと一つ屋根の下で過ごしている、お父さん、お母さん、日々、どのようなことを感じていらっしゃるでしょうか。

周りに人はいるのに、自分は〝ひとりぼっち〟だと思っていませんか？


あるいは自分で自分をさばいたり、していないでしょうか。

無意識にしろ、そうでないにしろ、自分自身に向ける剣は、ときに〝周囲の不理解〟の何倍も深く、自分自身を傷つけてしまうことがあります。

もしも、読者のみなさんが、心のなかに言葉にできない何か――「なんか嫌な感じ」「モヤモヤ」あるいは「胸のつかえ」と表現する人もいます――があると感じているのであれば、それを手放すことができますように。

そして、元気でのびのびと育っていくお子さんを見守る〝しあわせの瞬間〟が訪れますように。

そんな思いで、この本を書きました。

みなさんと出会えたご縁に心から感謝いたします。

著者　鈴木あや

もくじ



## 第1章 どんな〝明日〟を思い描きますか？

第2章

## お母さん、あなたが今、いちばん困っていることは何ですか？

第3章

## うれしければ喜び、悲しければ悲しむ 親の役目はこれで十分なのです

第4章

## 学校に戻れたら「幸せ」って本当ですか？

# 第1章

# どんな〝明日〟を思い描きますか？

トントントン…
バタバタバタバタ…
行ってきまーす
バタン
行ってらっしゃい
お掃除…
ガー
洗濯…
洗いもの…
キュッキュッ

ガラッ
パアアアア…
こんなに――
すぅ…
普通の日が来るなんて
はーっ
チチチチ…

## 「先生！　堂々と買い物に行ってこれたんですよ」「久しぶりに美容室で〝自分のための時間〟を過ごしました」

私の仕事は「小中学生の復学カウンセラー」です。

そう言うと、「不登校のお子さんに対してカウンセリングをしているんですね」と思う方もいらっしゃるでしょう（不登校のお子さんにカウンセリングをしているカウンセラーさんも、いらっしゃいます）。

もちろん私も、お子さんと面談する場面が多々あるのですが、どちらかというと、保護者に重点を置いて指導させていただいています。

「歯磨きができないんです」「まだ起きてきません」

私は担当しているお母さんたちに、自分の携帯電話の番号やメアドをお知らせしています。

そして、「子どもにどう接していいかわからないとき、困ったとき、心配や不安を感じたときはいつでも連絡していいんだよ」って、お伝えしているんですね。

なぜかというと、お母さんたちが直面している、真の問題は、「子どもの不登校」というよりもむしろ、「わが子への対応」であることがほとんどだからです。

毎日、朝から晩までお母さんたちは、「自分の子どもにどう接したらいいのか」悩んでいるのです。

「先生、うちの子ったら、自分で歯も磨けないんですよ」

「あの子、まだ起きてこないんです、声かけていいでしょうか」

「先生、助けてください！　私、どうしたらいいんですか」

そんな電話を、全国各地のお母さんから、毎日、朝昼晩問わず、いただいています。

でも指導が進むにつれて、少しずつ、本当に、ちょっとずつなんですが、お母さんたちの電話の内容が変わってきます。

たとえば、あるお母さんは「コンビニの入口でしゃがんでしゃべっている茶髪の学生のグループを見たときに、うらやましいと思ってしまいました」と言うんです。

以前は、ペッタンコにつぶした学生かばんを持った、茶髪の学生さんたちのことは、いいふうに思っていなかったのに、わが子が不登校になってから、「うらやましい」とおっしゃるのですね。

「どうして、そう思うんですか？」

とたずねたところ、そのお母さんはこう言ったんです。

「友だちがいて、他愛のないことをしゃべって笑って……そういう体験って大事だし、だいたい、楽しいじゃないですか。

うちの子も、あんなふうに、なったらいいなって思っているんです」

## 「ふつう」って本当は「ありがたいこと」なんですね

元気に学校に通って、友だちがいて、他愛のないことをしゃべる。

それって「ふつう」じゃないですか？　そう思った方も、なかにはいるかもしれません。

ところが、その「ふつう」が「当たり前ではない」ということに、お母さんたちは少しずつ気づいていきます。

そして、それまでは話の中心がお子さんだったのが、

「こんな〝しあわせなこと〟がありました」

という報告に変化していくのです。

よく耳にする〝しあわせの報告〟は、

「今日、久しぶりに買い物に行けました」

なぜそれが〝しあわせ〟なのかというと、お子さんが不登校になってから、近所のスーパーに買い物に行けなくなったからなのです。

私にも同じ経験があります。人の目を気にして遠くのスーパーで買い物をしていたので、「買い物に行けました」という声を聞くと、もう、うれしくて、うれしくて、

「おめでとう‼ よかったねー」

「先生、私、堂々と行ってきましたよ」

「やったね。で、どう、今の気分は？」

「何て言ったらいいのかな……。

なんか、いい気分。こんな気持ちになったのって、久しぶりかも」


他にも、「駄々をこねる子どもに『ダメなものはダメ』と言えるようになりました」という報告をくださるお母さんもいます。

以前は、子どもの機嫌を損ねないように、損ねないようにと、お母さんはがんばっていて、「その結果、子どもは暴君、お母さんは召使、みたいな関係ができてしまったのです」と、そのお母さんはおっしゃっていたのですが、その後、ご自身のなかで何か変化があったのでしょう。

ある日、「先生、私、できました‼『ダメなものはダメ』って、うちの子に言えるように

なったんです！」という、報告の電話をいただいたのでした。

このように、お母さんたちは、それぞれの生活の場で、それぞれの〝しあわせの気づき〟の瞬間を積み重ねていき、ある日、お子さんの再登校の日を迎えます。

玄関のドアを開け、外に出ていくお子さん。

その背中を見て、お母さんたちが思うことは——。

「学校に行くのは当たり前なんですが、この当たり前が〝ありがたいこと〟なんだなって気づけて〝しあわせ〟です」

こんな〝しあわせな日〟がくるなんて…

「先生、いまね、私以外にだぁ〜れも家にいないんですよ」

あるお母さんからの電話の第一声がそれでした。

不登校だったお子さんが、再び、学校に通うようになり、そのお母さんは日中、家で一

人で過ごしているのだけれど、長い間、子どもが家にいたからか、

「子どもが学校に行くようになってから、うちが広く感じちゃって」

その声は、明るく弾んでいました。

また、別のお母さんは、久しぶりに美容室に行ったところ、うっかり時間を忘れてしまったそうです。

「あっ、いけない、もう、こんな時間。お昼ごはん、どうしよう……。と一瞬、思ったんですけど、子どもは学校に行っているから、お昼の用意はしなくて大丈夫なんですよね」

笑って、そうおっしゃっていました。

そして、今も忘れられない、お母さんの〝声〟があります。

お子さんが再登校する姿を見て、信じられないぐらい、うれしかったんでしょうね、お電話をくださって、「部屋のどこかに隠れているんじゃないかって、一つひとつ部屋を見

てまわりました」と言うんです。

「どうでしたか？　お子さん、いましたか？」

そう、たずねると、

「いいえ、いませんでした。私一人です」

と、うれしそうな声に続いて、こんな素敵な言葉が！

「先生、部屋の窓を開けてみたんです。

風通しがいいです。

ずっと閉めきっていたから、わかんなかったけど。

あぁ、気持ちがいい。

最高です」

## 自分一人で〝荷物〟を背負うことはありません

私が、わが子の不登校という試練を体験したのは二〇年ほど前になります。

その頃も「親が悪いのだ」という〝不理解〟があり、夫とともに、つらい時期を過ごしたことがありました。

私が今、指導させていただいているお母さんたちにも〝世間の不理解〟に苦しみ、孤立感をもっている方が大勢いらっしゃいます。

そして、みなさん、「自分は子どもを不登校にしてしまいました。だから、ダメな親なんです」とおっしゃるのです。

私は〝昨日の自分〟と遭遇したかのような感覚を味わい、でも、その判断は、第三者から見て、現実にそっているとは言えませんよ、って、お母さんたちにお伝えすることにしています。

子どもの不登校に、親御さんが何らかの影響を与えているのは、確かにそうなのかもしれません。ただ――。

誤解を恐れずに言うと、ほとんどの場合は「親だけのせい」ではないのです。

他にも、いろんな要因が複雑にからみあって、学校に行けなくなってしまった、というのが実情です。


しかし今は過ぎてしまったことを見るときではないのです。

今見るべきところは、ご自身の〝今〟です。

子どもが不登校にならなかったら気づけなかったことを今、みなさんは学んでいらっしゃいます。そういう部分に目を向けてほしいのです。


そして、ご自身を、もっともっと応援することを忘れないでいてほしいのです。

〝完ぺきな親〟になろうとしている人はいますが〝完ぺきな親〟は、一人もいません

人間に完ぺきはありません。

親と言えども人間ですから、間違いがあって当然です。

かく言う私自身、子育て中は、間違いだらけでした。

でも、私は気がついたのです。

子どもにとって、家族にとって、そして、私自身にとっても、いちばん大切なことは「間違いがないこと」ではありませんでした。

それよりも大切なことがあります。

それは、家族がしあわせで笑って暮らしていることです。

間違いなんて、「あ、やっちゃった」って気づいたら、それを認めて、正せばいいだけなのです。

なのに、「間違ってはいけない」とか、「失敗はダメ」とか言い過ぎる、そんな気がしてなりません。

## 人は「失敗から学ぶ」ようにできているのです

私は、自分を責めているお母さんたちに、よくこんな言葉をかけます。

「お子さんが不登校になったことで、いろんなことに気づいたでしょう？　それは〝昨日の自分〟と比べたら、ものすごい成長なんですよ」と。

人というのは、間違って失敗するからこそ、「今度から、こうしよう」「ああしよう」という判断が生まれます。

そこには人としての成長が必ずあると、私は思っています。

読者のみなさんのなかには、今は、渦中のさなかにあって、自分を見失っている人がいるかもしれません。

でも、問題が落ち着いてきたころ〝今このとき〟をふりかえって見たときに、

「あの経験があったおかげで、私たち家族は幸せになれたんだね」

そんな気づきがやってくる、私はそう信じています。

なぜなら、そういう経験をされたお母さんたちを、私は二〇年近く見続けてきたからです。

みなさんにも、必ず、そういう日が訪れるでしょう。
今は、このことだけでもかまいません。
このことだけ、信じていてほしいのです。

## やっていること、話す言葉、だけど〝本当の気持ち〟は……

「先生、ちょっと聞いてくださいよ。

お子さんの復学のことで相談に来ているお母さんが、

『本人が学校に行きたくないと言っているのに、無理やり行かせるんですか！』

って言ってくるんです」

そうおっしゃるのは、中学校で国語の先生をしているお母さん。

私立中学三年の息子さんの不登校を克服された経験を買われて、ご自分が勤務されている公立中学校不登校の生徒の復学を支援する係に任命された方です。

ちなみに、このお母さんと息子さんの指導を担当したのが私でした。

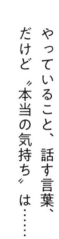

そのご縁で、今もおつきあいが続いています。

ところで、「学校に行きたくない」と言っている子どもたちは、本当に学校に行きたくないのでしょうか。

このようなギモンを、みなさんに投げかけた、ということは、それなりの理由があるのです。

## その予想に本人の気持ちは何パーセント入っていますか？

指導の一環で、お母さんたちには、不登校のお子さんとのやりとりを記録し、提出していただくことになっています。

その提出物を読んでいて、私はあるパターンに気がつきました。

まず、朝になっても起きてこない子どもにイライラしたお母さんが、

「もう時間よ、起きなさい！」

と声をかけるのです。


でも、子どもは起きてきません。

すると、今度は強い口調で、

「何やってるの、早く起きなさい！」


怒られてしかたなく起きてきた子ども。

お母さんは時計を見て、あぁ、もうこんな時間だと思いながら、

「ご飯は？」

「……」

「食べるの？　食べないの？」

「……」

「じゃあ、食べないのね」

「うん」

「で、今日学校、どうするの？」

「……」

「行くの？ 行かないの？」

「……」

「行かないの？」

「……」

「じゃあ、休むのね」

「うん」

「休みますって、学校に電話するよ」

「うん」


もうすでに気づかれた方もいらっしゃることでしょう。

そうです、子どもが自分で考えて答えを出す前に、お母さんが「この子はきっとこう言うだろうな」「きっとこうするだろうな」と、推測から導き出した答え（？）を言葉にしているのです。

ちなみに、人というものは、推測または固定観念に基づいて状況を判断し、コミュニケーションをしていることが往々にしてあります。

それがいけないとか、悪いとか評価する以前に、人間とはそういう生き物なのです。

つまり、不登校のお子さんのお母さんだけが、推測や固定観念に基づいて状況を判断しているのではない、と言いたいのですね。

ただ問題は、その推測のなかに、お子さんの本当の気持ちが何パーセント含まれていますか？　ということなんです。

## 不登校の子どもも「このままでいい」とは思っていません

親御さんからのご依頼で、お子さんと面談することがあります。

そのとき、私は必ず、子どもの目を見てたずねます。

「今のような生活が、いいと思ってる？　それとも、いけないと思ってる？」

ほとんどのお子さんは「いいとは思ってない」と言います。

ただ、人というのは案外〝自分の本当の気持ち〟に気づいていないことも、よくあるのです。

ですから、私は子どもたちに何度もたずねます。

「このままがいい？　それとも、このままは嫌だ？」

何度聞いても、子どもたちからは「嫌です」という返事がかえってきます。

「あなた、結構、長い間休んでるよね」

「はい。休んでいる間に、授業が進んでて……。

学校に戻っても、オレ、ついていけるかな、どうかな？」

そんなふうに本人が〝自分の本当の気持ち〟を言葉にして初めて

「そんな心配をせずに学校に行くには、どうしたらいいのか、考えようよ」

再登校に向けたフォローを開始します。

「学校を休んでいる本人が、実は、行きたがっているなんて、意外だ」

そう思った方もいるでしょう。でも、それはまぎれもない事実なんです。行きたがってない子どもたちの本音は「また学校に行きたい」なのです。

## 〝自分の本当の気持ち〟を表現するのが苦手な子もいます

私が出会った子どもたちは一人ひとり、みんな個性的です。

第三者である私と出会ってすぐに〝自分の本当の気持ち〟を表現できる子どももいる一方で、自分を表現するのが苦手な子どももいます。

たとえば、Aさんの娘さんがそうでした。

娘さんは小学校のころから猛勉強して有名私立中学に入ったのですが、その後、燃え尽きてしまったかのような状態になり、学校に行かなくなってしまいました。

学校の成績はとても優秀なのですが、大人に対して心を開かない、と言うか、反発心を強く持っているようでした。

それに対し、母親のAさんは非常にやさしく大人しい人でしたので、私が代わりに〝A

さんの言いたいこと〟を娘さんに伝えたことがあったのですが……。

「こんにちは」

「……」


最初、娘さんは私を無視し続けていました。

ずっと、スマホをいじったりしていて、私と目を合わそうともしないんです。

それでも私は、今、自分の目の前にいるこの子が自分の娘であるような気がしてなりません。だから、私は彼女に言ったんです。

「あなた、本当に、こんな生活を続けていたいの?」と。

娘さんのスマホをいじっていた指が止まりました。

私は彼女が自分の気持ちを言葉にするのを待ちました。

しかし、何も返事がありません。

「あなたは、いろんな可能性を持っているんだよ。どうして、こういう生き方があるって、思っちゃうの？」

「……」

「このままでいいと本当に思ってるの？」


彼女は無言のまま顔を上げました。

私を見つめる、その瞳から涙がこぼれ落ちました。


一瞬、彼女を抱きしめてあげたい衝動にかられましたが、その気持ちを抑えつつ、私は母親のAさんから聞いている〝わが子への思い〟を約三〇分ほど話して、こう言いました。

「努力して入った学校でしょう。その努力を無駄にしていいの？」

彼女は泣きながら、小さな声で
「無駄にしたくないです」

と言います。

私はまたたずねました。

「無駄にしないためには、どうしたらいいの？」

すると、彼女は少し考えて、こう言いました。

「私、本当は学校に行きたいんです。

でも、どうやったら行けるのか、わからないんです」

＊

Aさんの娘さんのケースは、ほんの一例です。

前にも言ったように、不登校の子どもたちは一人ひとり、みな個性的ですから、一人ひとり異なる対応が必要です。

とは言え、どの子どもも、心の奥のほうに「学校に行きたい」という気持ちを隠しています。

それは、私がこの目で見て、この耳で聞いた、不登校の子どもたちの現実《リアル》なのです。

行きたい…
けど 行けない
……
ポチ
ポチ
行かせたい…
でも 行かないかも
……
ポチ
ポチ
心のすれ違い…

## 「親子なのになぜ？」というよりも、親子だからこそ、素直になれないことがあるのです

先ほどは「子どもの本音」をご紹介したのですが、もしかしたら、「それを第三者に言えるのに、どうして親に言わないの？」と思った人も、なかにはいるのではないでしょうか。

私は復学カウンセラーなので、心理学的な見解は研究者の方におまかせしたいのですが、ただ、ふだんから、いろんな親子と接していると、「親だからこそ言えないこと」もあるのではないのかなと思うのですね。

「親子なのに、どうして？」そう思った方は、ご自分の胸に手を当てて、身に覚えがな

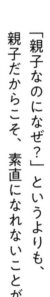

いかどうか、考えてみてほしいのです。

自分の親に、素直に「ありがとう」と言えなかったり、親が言うことが「正しい」とわかっているんだけれど耳を傾けることができなかった、ということがなかったでしょうか？

近しい間柄であるがゆえに、素直になれないものです。

みなさんのお子さんも、同じなのではないでしょうか。

### 第三者の〝本気〟に、子どもはちゃんとこたえるのです

いつもニコニコしているBさんは、二人のお子さんを持つお母さんです。

上のお兄ちゃんが、今、中三で、受験生。行きたい高校があるので、「夏休みも一日八時間、勉強する」と自分で決めて、がんばっています。

実は、このお兄ちゃん、中一から二年間、学校に行かず、部屋に閉じこもり、昼夜逆転の生活を続けていたのです。

母親のBさんは「学校に行けるようになってほしい」と思っていたのですが、周辺の人たちが「今はそっとしといたほうが、いいんじゃない？　そのうち行くわよ」と言うので、そっとしておいたのですが、いつまで経っても、状況が改善しそうな気配すら感じられない。

さすがにBさんは心もとなくなって、お兄ちゃんに聞いたそうです。

「お母さんも、お父さんもいなくなるときが必ずくるじゃん。そうなったとき、あんた、どうすんの？」

そのとき、お兄ちゃんは、悪びれることなく、こう言ったそうです。

「親がいなくても大丈夫、妹がいるから。妹に面倒を見てもらうから」

Bさんは「このままではマズい、なんとかしなくては」と思い、私どものほうへ、相談に来られたのでした。

そして、お母さんからの依頼で、お兄ちゃんと面談した際に、私は本人の気持ちを聞いたんです。

「このまま部屋に閉じこもって、昼夜逆転の生活をいつまで続けるつもりなの？

こんな生活をしていていいと思っているんですか？」って。

「いいえ、いいとは思っていません」

お兄ちゃんは私にそう言いました。

「お父さんが言ったことは正しかったんだね」

お兄ちゃんとの面談を終えて、しばらく経ってから、母親のBさんからお電話をいただきました。

そのとき、Bさんがこんなことを話してくれたんです。

「あや先生がお帰りになったあと、息子が『ねぇ、お母さん』って言うんです。

『どうしたの？』って聞いたら、

『お父さんが言っていたことは正しかったんだね』

そう言ったんですよ、主人のことが大嫌いな、あの息子が！」

Bさん宅のお兄ちゃんのように、第三者の話を聞いたことによって、親が言っていることは正しかったんだと子どもが納得するケースは、実は珍しいことではありません。むしろ、私どもが比較的よく遭遇するケースです。

家という、ある意味閉ざされた空間で、親の意見だけを聞かされていると、子どもは「それ以外に正しい意見があるのではないか」と思ってしまう傾向があるのです。

そのような場合は、親の意見が正しいのかどうかを客観的に判断することができません。さらに言わせていただくと、親が話す言葉を素直に受け止められなくなってしまった〝事情〟があることが少なくないのです。

Bさん親子の場合は、ご主人（子どもからすると父親）の言動が、家庭内でしばしば問題を引き起こしていました。

物心ついたころから、それを見てきたお兄ちゃんは、父親に対する反発心を募らせていきました。

そして、お父さんにそれを許しているお母さんに対しても、「なんでなんだ!!」という思いを持っていました。

だから、お兄ちゃんは、両親の意見に耳を傾けることができなかったのです。

もちろん各家庭によって生活環境も、起きている問題もお子さんの状況も異なるのですが、多くの場合は親と子の間で何らかの葛藤があります。

それが、親子間のコミュニケーションを難しくしている一つの要因であることは否めない、というのが現実なのです。

## 「この子はこうなんだ、ずっとそうだ」と決定するのは、少し待ってください

私が指導させていただいているお子さんたちを見ていると、しみじみ「子どもってすごいなあ」と思うのです。

たとえば、成長のスピードがものすごく早いのです。仮に大人が一年で一段上に上がるようなことを、子どもたちは短期間でクリアしてしまいます。

「先生、うちの子は、私がいないと……」

親御さんがそのようにおっしゃるようなお子さんですら、何か〝スイッチ〟が入ると、それまで見たことのないような姿を見せるようになります。

それが、親御さんの口から「あの子がまさか……信じられません」という言葉がぽろっ

と出てくるような〝成長ぶり〟なのです。

「ママ、来て!!」「ママ、服を出して!!」「ママ、着せて!!」が毎朝のルーティーンだった男の子が〝一人立ち〟

Cさんは、二人のお子さんを持つお母さん。

上の、小学校四年生のお姉ちゃんが不登校だったときに、私の指導を受けたご縁で、下の、小学校一年生の弟くんも担当させていただくことになりました。

弟くんは、いわゆる「母子登校」――お母さんと一緒じゃないと学校に行けなかったり、授業を受けられなかったりする状態――でした。

そして、母親のCさんの目には「私がいないと何もできない子」のように見えていたのだそう。

そういう目で見れば、確かに、そうなのかもしれません。

弟くんは朝、目覚ましの音で目覚めるとすぐ、

「ママ!! ママ、来て!!」

Cさんを呼んで、

「服、出して」

Cさんに、今日着ていく服を出すよう指示を出します。

すると、母親であるCさんは、言われた通りに服を出します。

そして今度は「着せて」と言うんです。

Cさんはまた言われた通り、洋服を着せてあげる。

次は、「ママ、はい、これ持って」

Cさんは学校に行く準備をして……。


Cさんが言うことを聞かないと、息子さんはむずかり、「学校に行かない」と言われるかもしれない——という不安がCさんのなかに、常にあったそうです。

だから、そうならないように、Cさんは息子の言われるがまま、「やらざるをえませんでした」と言っていました。

それが、幼稚園のころから〝毎朝のルーティーン〟になっていたのです。

でも、そんな息子さんも、私どもの指導が入ってから一か月後には、一人で学校に行けるようになったのです。

「小一だからできない」「うちの子はできない」じゃなかった！

〝お母さんと一緒〟じゃないと「絶対ヤダ!!」と言っていた、Cさんの息子さんが、一人で学校に行けるようになったのは、母親のCさんの〝通院〟がきっかけでした。

「毎日、病院に行かないといけないから、ママは今までのようにできないよ」

Cさんは、息子さんにそう言ったのです。

いきなり、そのようなことを言われて、息子さんはビックリ。

「ママ!! ママ!!」

Cさんを呼びつけることをやめようとしませんでした。

でも、Cさんは、息子さんに呼ばれる度に、

「ママ、病院、行かなきゃいけないの」

「ママ、しんどいの」

「それは、できないよ」

と言い続けました。

すると、息子さんは「ママ、来て‼」と、Cさんを呼びつけることをやめ、朝も、自分で洋服を出し、自分で着替え、自分で持ち物を用意して、

「行ってきまーす」

と、一人で学校に通いだしたのです。

息子さんの言うままには「できない」と言っただけなのに、あっさり、息子さんが〝一人立ち〟してしまって、Cさんはビックリ。そして、昔の自分をふりかえり、私にこう言いました。

「私が勝手に〝この子にはできない〟と決めつけていただけで、本当は、小一でも、自分

できることが結構あるんですね。

以前は、たいへんな思いをしながら子育てをしていたのですが、今はずいぶん楽になりました。

息子が『ママ!! ママ!!』と呼ぶ声を聞くたびに、あぁ、また始まった、って思っていた、あのときには、もう戻りたくないです」

お母さんたちからのお手紙①

## 極度の怖がり、保健室への母子登校を続けていた小学三年生・男の子

### 不登校が始まった頃のお子さんの状況

小二の頃、コロナ禍で分散登校がはじまったあたりから、朝「学校に行きたくないな……」とつぶやくようになりました。

当初は登校していたので、子どもを送り出し、様子を見ていたところ、授業中に発熱(三十八度以上)と腹痛を訴えて保健室で休み、早退するようになりました。

心配して迎えにいくと、校門を出たとたん、元気になります。自宅で熱をはかると平熱に戻っていて、ふだん通りに過ごしています。

このような生活が一週間ほど続いた後、今度は、朝、登校直前に、真っ青な顔でお腹をおさえ、床の上でのたうち回って泣きながら腹痛を訴え、「学校に行きたくない」と言いだすようになりました。

病院に行こうと促しても本人は「絶対に行かない!」と頑として動きません。

学校へ欠席の連絡をすると、腹痛がおさまり、落ち着いた様子になります(中略)。

子どもは極度の怖がりと母子依存状態で、私が近所のコンビニへ行くだけでも嫌がり、一〇分おきに家に電話をかけること、一時間以内に帰ることを要求。その通りにしないとかんしゃくを起こすので言われた通りにしていました（これまで一人で留守番をしたことがなく、同居の祖母と一緒に留守番）。

体調が少しずつ回復した頃、学校に行かせたい一心で、子どもに脅し文句をかけて、十一月頃から、月に二、三回程度、保健室へ母子登校するようになりました。

保健室の中でも私にくっつき、少しでも離れると後追いし、トイレにも一人で行けず、付き添いました（自宅でも一人でトイレ、入浴、就寝、外出ができませんでした）。

## 親御さんが困っていたこと

不登校時、本人に行かない理由を問いただしても「わからない」としか言わないので、担任の先生に不登校前の、学校での子どもの様子を聞いたところ、授業中、上の空のときがあり、忘れ物が多い、クラスメイトと比べて幼い感じがする、コミュニケーションが苦手とのことでした。

発達障害を疑い、数か月の予約待ちの後、心療内科を受診しましたが、医師からは、すぐに解決するものではなく、「ゆっくり時間をかけて様子を見ましょう」「子どもがこなくても母親だけの通院でいいですよ」と言われて通ったところ、問診で、発達障害のグレーゾーンの傾向あり、という診断を受けました。学校に行けるようになるために、具体的に何をすればよいのかをたずねたところ、子どもの特性に合わせて学校に配慮してもらうこと、無理をさせないこと、と言われました（略）。

### 復学支援を受けるきっかけ

ネットで、不登校に関するサイトを探していました。

不登校になりやすい子どもの性格特性が紹介されているサイトを見ていて、自分の子どもにほとんど当てはまっていたので、「あ、うちの子どものことだ」と思いました。

「親が変われば子は変わる」と書いてあるのを見て、息子を変えるのは難しいけれど、私ならば、どんなことでもできると思いました。また、面接の際、子どもと同じ小学校の生徒さんを三、四名、支援され、全員復学したと聞いて希望の光が見えてきました。

### その後の変化

子どもは次々と変化していきました。まず復学してから一度も休まずに、嫌がっていた登校班で学校へ通い、一人で帰ってきます。

教室で、みんなと同じように過ごすようになりました。

忘れ物の回数も減り、授業にもきちんと参加しているようです。

朝は自分で起き、登校準備も一人でして、「いってきます」と言って出ていきます。放課後は一人で外出することも友だちと遊ぶ約束もしたことがなかったのですが、再登校初日から、友だちと遊ぶ約束をして一人で公園に行くようになり（中略）自宅でも一人でトイレ、入浴、子ども部屋での就寝、留守番ができるようになりました（中略）。

私自身の変化は、以前の私は子どもを常に監視し、子どもが困らないように、恥をかかないように、つまずかないようにと一生懸命でした。

ご支援を受けて、自分がよかれと思ってやっていたこと、言っていたことが子どもの自立の芽を摘み取る行動だったことに気づかさせていただきました（略）

お母さんたちからのお手紙②

## 俗にいう繊細さんで、朝になると腹痛が起きる中学一年生・女の子

### 不登校が始まった頃のお子さんの状況

四月に引っ越しをしましたが、コロナのため、六月から新しい学校に通いました。ほぼ隣の小学校からそのまま進学するので、交友関係がすでに、かなりできており、あまりなじめないまま通っていました。

一緒に帰ってくる友だちはいましたが、うちの子どもは繊細なタイプで、相談ごとをされることなども重荷に感じてしまうようでした。

そのうちに朝、お腹が痛くなって、遅刻などが数か月断続的に続き、十二月一週目から完全に行けなくなりました（略）。

### 親御さんが困っていたこと

自分の仕事に集中できないことを痛感しました。

また、このまま娘はどうなるんだろうという漠然とした不安がありました。

### 復学支援を受けるきっかけ

鈴木先生の著書を読み、ここにお願いしたら具体的に変化が起きるのではないかと感じました。

## その後の変化

子どもの気持ちを尊重していたつもりでしたが、進路のことなども自然と誘導してしまっていたこと、そこにエゴがあったことにも気づきました。

娘の場合は、表立って反論などはあまりしなかったけれども、私が思っている以上に、いろいろなことを自分で決めていきたいという気持ちの強い子だったかもしれない、自分が子どもの個性をつかみきれていなかったことにも気づかされました。

十二月からは朝必ずのように腹痛が起きていたのですが、不干渉の対応を始めてから、しばらくするとほとんど腹痛は起きなくなりました。

三月一週目から登校できるようになり、六月からは自分から「塾に行く」と言い、三教科受講するようになりました。

やはり繊細ではあるのでたまに腹痛が起きますが、自分で前に進めたことは娘にとっても一つの大きな転機であり、その後、通い続けていることも少なからず、自信になっているのではないかと思います。

## 「発達障害だから、しょうがない」
## わずかな根拠で決めつけて、
## 本当によいのでしょうか

「発達障害」(注)という言葉を見たり聞いたりする機会が増えてきた、今日このごろです。私どものほうでも、「うちの子は発達障害なんです」という話をうかがったり、あるいはまた「うちの子は、もしかしたら発達障害なんじゃ……」というご相談をいただくことが増えてきました。

そういうお子さんを持つ親御さんの多くは、「うちの子は本当に学校に戻れるだろうか」という不安をお持ちです。

また「発達障害だから、しょうがない」と、半ばあきらめている親御さんもいらっしゃいます。

「困っている親御さんたちのお役に立てれば」と、発達障害のお子さんを持つお母さんが体験談を送ってくださいましたので、ここでご紹介させていただきますね。

（注）自閉スペクトラム症や注意欠如・多動症など、異なる特性の、さまざまな状態が「発達障害」という一つのカテゴリーに含まれています。いくつもの状態が一人のお子さんに重複することもあり、そのお子さん、そのお子さんにあった対応が必要とされています。

## 暴言と家庭内暴力に悩み、自治体の相談窓口へ
## 〜発達障害と診断されたお子さんのお母さんから

息子の暴言や家庭内暴力に悩むようになったのは、彼が小三のころからでした。

自治体の教育相談窓口に相談したところ、児童精神科のクリニックに行くよう勧められ、通院を始めました。

クリニックでは、発達障害と診断されて薬を処方されました。

六年生になるころには、改善するどころか、むしろ暴力は次第に激しくなり、包丁を持

ちだすことがありました。

そして六年生の秋に、息子は突然、学校に行けなくなりました。

クリニックでは、精神状態を落ち着かせる薬を処方されましたが、息子の家庭内暴力はおさまることはなく、不登校の状態のまま、中学生になりました。

医師から「本人のエネルギーがたまるのを待ちましょう」と言われたので、私はそのつもりでいたのですが、息子はよくなるどころか、ゲームに依存していったのです。


息子が中一のとき、私は藁にもすがる思いで不登校関連の書籍を読み漁り、そのなかから「ほめる声がけをすれば再登校する」という趣旨の本を見つけました。

私は本を読みながら実践すると同時に、トレーニングも受けました。

その結果、息子は五月雨登校をするようになったのですが、継続して登校することはありませんでした。

そこで、指導者に相談したのですが、「お母さんの、声がけの努力が足りない」と言われましたので、私はさらに子どもの〝いいところ〟を言葉にして伝えることを一生懸命、やり続けました。

しかし、息子は私の声がけを嫌がり、暴力が続きました。

## 母親の私自身も、心穏やかに過ごせるようになりました

五月雨登校をしていた息子は、中二の冬に完全不登校となり、昼夜逆転の生活、一日のほとんどを自室でゲームをして過ごしていました。

このやり方を続けても、息子は学校に行けるようにはならないと気づいたころ、あるお母さんが書いたブログを発見。そこから、鈴木先生と出会うことになったわけです。

指導を受ける前に、私がいちばん不安だったのは、指導を受ければ、発達障害と診断された息子は本当に学校に戻れるようになるのか、ということでした。

ところが、案ずるより産むがやすし、毎日、先生から親の対応を学び、教わった通りに息子に対応するとすぐ、息子の変化が現れました。

私たち家族が何年も苦しんできた、息子の暴言・暴力が、まるで嘘のように消えたのです。

親が変われば子が変わる、ということを、実感できました。

おかげさまで、私自身も心穏やかに生活が送れるようになってきました。

## 一人で抱え込んできたつらさを先生が受け止め、息子は素直になれた

また、指導の先生に家まで来ていただき、直接指導を受けた息子は、今まで抱え込んできたつらさを「先生が理解してくれた」と、とても素直になっていきました。

再登校の日程を決めた息子は、まるで別人のように、しっかりしてきました。再登校に向けて、息子はスタッフの方と散歩をするなど、準備を進めていきました。

たくさんのスタッフの方々のお力添えをいただき、息子は学校に戻っていくことができました。

おかげさまで、朝は自分で起床し、時間になると身支度を整えて登校していくようになりました。

夏休み明けも登校できるのか不安でしたが、息子はしっかりと登校していきました。

その後、息子は再び欠席することがありましたが、指導の先生にサポートしていただき、段々と、継続登校に自信をつけていきました。

そして息子は希望する高校を受験し、無事に合格することができました。

三学期に入り一度も欠席することなく、元気に登校しています。

親子関係も少しずつ改善がみられるようになり、一緒に必要な買い物に出かけたり、家族で食卓を囲むようにもなってきました。

息子にあった〝親対応〟の指導を受けることができ、家族を救っていただき、本当に感謝しています。

## 〝そのとき〟親と子に何が起きていたのでしょう

〝わが子の不登校〟を克服したお母さんたちの体験談やお手紙をご紹介させていただきましたが、これらを読んで、

「どういうわけで、子どもたちは学校に行けるようになったんだろう？」

というギモンを持った方も多いことでしょう。

指導の内容は、お母さん一人ひとりの特性、お子さん一人ひとりの特性を見て決まります。つまり、一人ひとり異なるのです。

ただし、どの親御さんにも必ずお伝えしている、ある法則があります。

それは、「親が変わると、子どもが変わる」という法則です。

## 間違いに気づいたからこそ一生懸命、学べたのです

子どもが成長していくうえで（大人にも言えることなのかもしれませんが）大切なことは「経験から学ぶ」ということです。

学校には、いろんな子どもたちがいます。先生もいろんな先生がいます。自分とは違う人々がいるなかで、どうしたら〝自分らしく生きる〟ことができるのか、周りの〝自分らしさ〟も認めて受け入れられるようになるのか——など、子どもたちは、いろんなことを学んでいきます。

それは〝一つの正解〟がある学校の勉強とは、まったく異なる学びです。
学校の勉強では「正解」を追及して、「間違い」は排除します。
それに対して、人が成長していく過程には、間違いや失敗はつきものなのです。

そして、失敗や間違いから得る〝学び〟ほど、その人を成長させるものはない、そう言っても言い過ぎではないでしょう。

私がこのようなことを言えるのは〝間違った子育て〟をしていた時期があったからです。確かに、あのときの私は、自分の子どもに失敗させせまいと一生懸命になり過ぎていました。

でも、そのことに気づいたとき、親として〝階段〟を一つあがれたのだと、私は思っています。

というのは、それ以降、私の、子どもへの対応が変わっていったから。

そして、それに合わせて子どもも、自分のペースで段々と変わっていったのです。

まるで合わせ鏡を見ているかのごとく。

# 第2章

# お母さん、あなたが今、いちばん困っていることは何ですか？

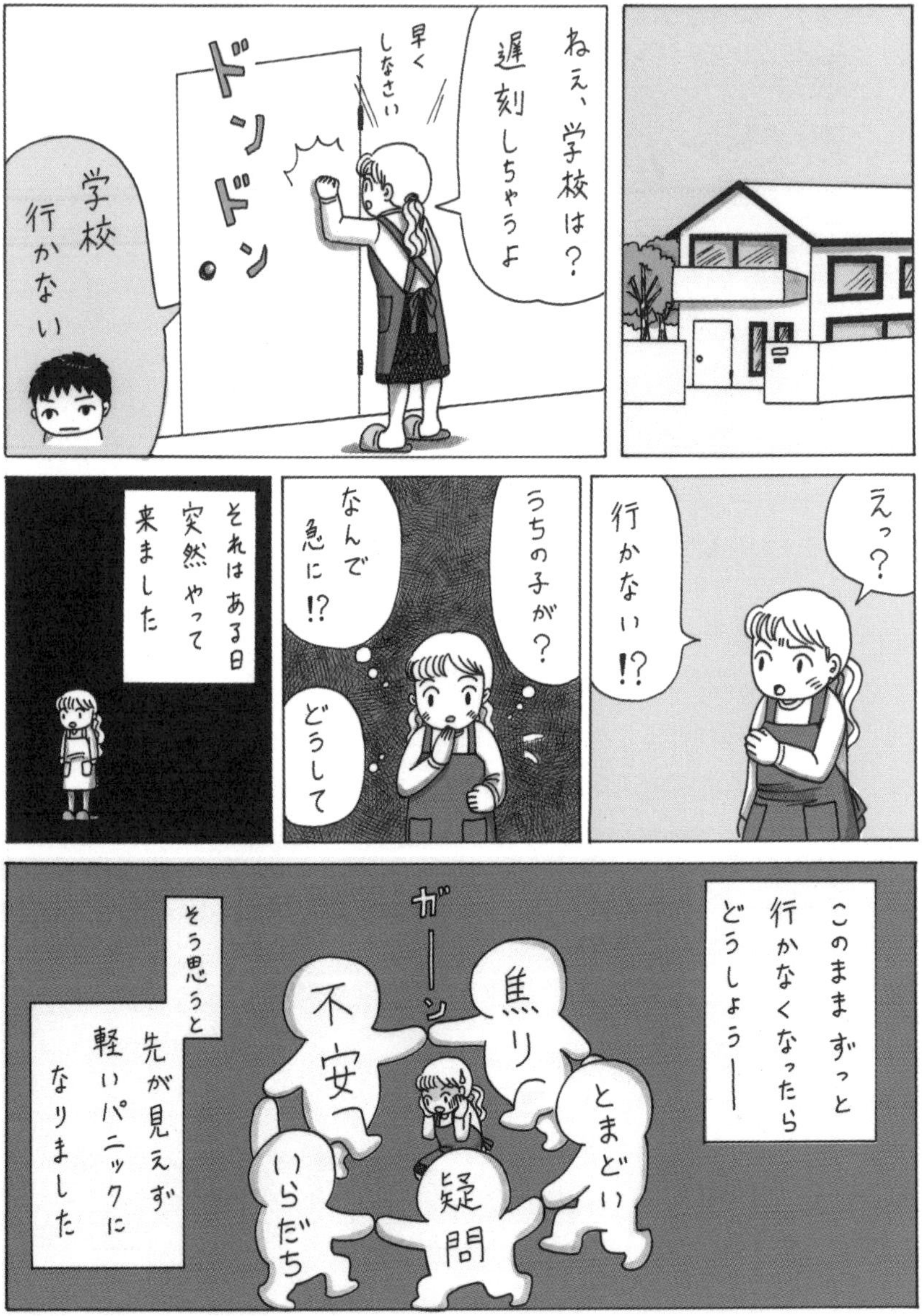

ねえ、学校は？
遅刻しちゃうよ
早くしなさい
ドンドン
学校行かない
えっ？
行かない!?
うちの子が？
なんで急に!?
どうして
それはある日突然やって来ました
このままずっと行かなくなったらどうしよう――
ガーン
焦り
不安
とまどい
疑問
いらだち
そう思うと
先が見えず軽いパニックになりました

一体、何がいけなかったのかと
体調？
とまどい
先生？
いらだち
学校のいじめ？
焦り
もやもや
もや
もや
私の育て方？
不安
子ども自身？子どもの精神？
疑問
自分を責めたり落ちこむ日々
何が間違っていたんだろう
ドーーン
わからない!!
あおり
疑問
いらだち
焦り
不安
とまどい
ここからどうすればー
ずっしり
疑問
とまどい
いらだち
焦り
不安
脱出できるの！

## お子さんへの対応どうしたらいいのか、わからなくなっていませんか？

お子さんの復学が「難しい」と思っている親御さんは少なくありません。
そう思うからには、それなりの理由があるんです。
問題を、実際以上に難しくしている〝何か〟があります。

では、その〝何か〟とは何でしょうか――。

〝犯人探し〟が、その一つ、かもしれません。

わが子が突然、学校に行けなくなったとき、「行けなくなったのは、なぜ？」と、原因を知りたくなるのが親心なのだと思うんです。

ところが、「コレが不登校の原因だ」と言えないことがあるのです。

ことに、私がかかわった子どもたちに関して言えば、とくにこれといった理由がないケースが非常に多いのです。

## 「給食が食べられない」と言いだし、心身の不調がはじまった小五・男子

私と出会う前に、すでに不登校の期間が約三年四か月あった男の子がいます。

その子のお母さんが書いてくださった体験談を、以下にご紹介させていただきますね。

小学五年生になり、子どもが「給食が食べられない」と言い、子どもの心身の不調が段々ひどくなっていき、学校に行きにくくなりました。

それからは音やにおいなど、いろいろなモノに敏感になり、家での食事も減り、食事がまったく喉を通らなくなり、学校に行けなくなりました。外にも出たがりません。

病院になかば無理やり連れていきました。情緒面でかなり幼いと言われました。

小学六年の終わり頃、主人の仕事の都合で他県へ引っ越しをしました。

転校してすぐ中学生となり、学校に行こうとしていましたが、息子は気分が悪くなり、半日もせずに帰宅するような状況。

中学一年生のはじめ頃から、再びまったく学校に行けなくなりました。

中学一年生の中頃から、市のフリースクールに週に一度、個別対応で、一時間ほど行っていました。

体調は徐々に落ち着いてきて、食事量が増え、いろいろなモノへの敏感さも、落ち着いてきました。

ただ、外へは出たがらなかったです。


お母さんは、当初、お子さんの心身の不調をなんとかしてあげたい、よくなってほしいという思いから、「病院や市の支援などに相談した」とのことでした。

そして相談した結果、わかったこと、それは――。

「ゆっくりさせましょう」と言われました。

徐々に子どもの状態が落ち着いてはきましたが、不登校期間が長くなり、このまま見守っているだけで社会（学校）に戻れるのか、不安が出てきました。

## 中学受験を目指すが、鉛筆を持つと息苦しいと荒れるようになった小六・男子

コロナ休校が明けてから、月に一、二回ほど休むようになった小学六年生の男の子も、とくにこれといった原因がなかったそうです。

そのお母さんからの体験談を以下にご紹介します。

長男は、小学六年生の一学期、コロナ休校が明けてから、月に一、二回ほど、休むときがありました。

息子は中学受験を目指していましたが、鉛筆を持つと「息苦しい」と、荒れるようになり、夏休みが明けて二学期に入ってすぐ中学受験をあきらめることを決めました。

そして、その翌日から五月雨登校がはじまり、九月のシルバーウィーク明けに、完全に学校に行けなくなりました。

私は毎日「学校どうするの?」と声をかけていました。

それにこたえるように、息子は時々、別室登校や、放課後登校をし、小学校の卒業式にはみんなと出席、「中学からはがんばる! 毎日、学校に行く!」と言いました。


中学入学後、しばらくの間は毎日はりきって登校していたそうですが、ゴールデンウィーク明けから、再びまったく学校に行けなくなってしまいました。

親御さんは、スクールカウンセラーや民間の不登校カウンセラー、親の会、小児科など、あらゆる相談機関に相談したそうですが——。


「できたことをほめましょう」

「動きだすまで待ちましょう」

「長男は学校をあきらめたほうがいい」

など、まったく解決につながらず、そうこうしている間に、長男は、ますます家に閉じこもる生活に慣れてしまって、学校に行くきっかけをなくしてしまっているのではないかと思うのですが、私だけではどうすることもできなかったことがつらかったです。

### 不登校の原因究明より「優先順位が高いもの」があるのです

小五の男の子と、小六の男の子の体験談をご紹介したのは、「不登校は特定の原因があるわけではない」という事実を読者のみなさんにお伝えするためです。

コレという原因がわからないと、解決につながるような方法を実施することがなかなかできないような気がするでしょう。

ところが、そこが盲点なのです。不登校の原因が見つからなくても〈解決につながるような対策〉を講じることは可能です。

「原因がわからないから、どうしようもない」と、ただ手をこまねいているだけでは、らちが明きません。

しかも、家に閉じこもっている期間が長くなるほどに、学校に戻るキッカケがつかみにくくなる、という傾向があるのです。

できれば早めに〈解決につながる対策〉を講じたいものですね。

そのためには、まず、親御さん、ことにお子さんと接する機会の多い、お母さんは、自分に気づく、ということが大切です。

お子さんと接するなかで、いちばん困っていることは何ですか？

人それぞれ、お困りごとはさまざまあるでしょう。

では、今ご自身がつまずいていること、ここがウマくいってないんだよな、って、感じていることは何ですか？

実は、そこにこそ、〈解決につながる対策〉のヒントがあるのです。

ちなみに、私の子どもが不登校を克服するキッカケは、母親である私自身が今いちばん困っていることに気づいたことでした。

「親として、どのように接すればよいのか、わからなくて困っている」という気づきが、現在のしあわせの〝起点〟となったのです。

## 「親の愛情」って何なのでしょうか～私の体験

「私が愛情不足だから、子どもは不登校になってしまったんだろうか」

そんな考えが頭のなかをぐるぐる回っている、という、お母さんたちが、少なくありません。

今の私なら、お母さんたちに対して、

「愛情が足りないなんて、そんなことはありませんよ」

自信をもってそう言い切れるのですが、子どもの不登校で悩んでいた頃の私は、それができませんでした。自分に自信が持てず、

「親の愛情って何だろう?」

と考え込んでしまうことがしばしばあったのです。

## 家にいても、学校の時間割通りに勉強をするわが子

私のなかには結婚する前から〝理想の母親像〟というのがありました。
それは、うちの母（実母）でした。
母は、子どもには愛情をもって接し、家事もちゃんとやりこなす、いわゆる良妻賢母でした。

私は結婚して母になりました。完ぺきに実母の真似はできませんでしたが、それでも、私なりに、わが子に愛情を注ぎ、大切に大切に育てていました。

月日は流れ、ある朝、突然、息子が「学校に行きたくない」と言いだしました。そのとき、息子は小学三年生でした。

彼は小さい頃から素直で、「これはこうするといいよ」「これはしちゃダメだよ」と教えると、ちゃんと教えた通りにやるような子どもでした。

そんな〝いい子〟の息子から、

「学校、行きたくない」

という言葉が出てきて、私も夫もあわてました。

いったい何が起こったのか、わが子のことながら、私たちにはまったく見当もつきませんでした。

しかも不思議なことに、朝の息子は体調がすぐれないような顔をしているのですが、しばらくすると〝いつものお兄ちゃん〟に戻るのです。

そして、学校で授業が始まる時間になると自分の部屋に戻り、時間割通りに勉強をはじめます。

国語の時間になったら教科書を音読する声が部屋から聞えてきますし、音楽の時間にはハーモニカの音が聴こえてきます。

それらの音から、「学校に行きたい」という思いが、切ないほどに伝わってくるのですが……。

本人の口から出る言葉は「ヤダ」のひと言でした。

「不登校のままでいい」とは思えなかったんです

もう一つ、不思議に思ったことがありました。

それは、遠足の日の朝のことです。

私や夫の感覚からすると、遠足というのは楽しいイベントです。ふだんは学校に行けなくても、遠足だったら行けるだろうと思っていました。

ところが、お弁当とおやつを詰めたリュックを持っていくと、息子は首を横にふり「ヤダ」と言います。

驚いた夫は「なんで行かないんだ‼」と問いただす、息子は泣いて私にしがみつき、「イヤダーっ‼」手を放そうとしませんでした。

私たちは、いくつもの相談機関を訪ね、勧められたことはすべて試しました。しかし、息子に〝いい変化〟は起きませんでした。

「フリースクールはどうですか?」と言ってくださる方もいたのですが、私と夫はフリースクールに通わせるつもりはありませんでした。

なぜなら、フリースクールに行けるのであれば、学校にも行けるのではないか。だとしたら、自分とは違う生い立ち、考え方・個性をもった子どもたちと机を並べ、笑ったり泣いたりする経験ができる、ふつうの学校に行くほうがいいだろうと思ったのです。

何より、本人が「どっちも行きたくない」と言っていました。

私たち夫婦は、息子を見守ることしかできない、そう思っていました。

転機がおとずれたのは、半年後のことでした。

冬休みを夫の実家に家族で過ごしたあと、東京に戻ろうとしたときのことです。

「帰りたくない、田舎にいたい」と、息子が必死の抵抗を見せたのです。

親としては非常にショックでしたし、この様子では、まだまだ学校に行けそうにないな、という気がしました。

「うちの子、どうなっちゃうんだろう」

頭のなかは不安だらけで、先が見えなくなりました。

ただ、「不登校のままでいい」とは、どうしても思えなかったんです。

私は、東京に戻ってすぐ、不登校の子どもを持つ親を対象にした塾に参加しました。そこで、私ははじめて気づかされたのです。

私が〝子どものため〟を思ってやってきたことは、うちの息子にとっては「そうではなかった」ということに。

## 「みんな同じことしてるのに、なんで私だけが……」

多くの親御さんは「子どもには、失敗はさせたくない」と思っています。

私の親もそういう考えの人でした。

そして、「こういうときはこうだよ」「ああだよ」って、あらゆることにレールを敷き、その上を、私たち子どもに歩かせるような子育てをしていました。


私はそれが〝子どものため〟だと思っていたんです。

そして自分が親にそうされたように、息子にも失敗させまいと、がんばってきました。

ところが、参加した塾で、講師に「その考えを変えてください」と言われてしまったのです。


「えっ⁉ どうして」と思いました。

どこの親御さんも同じことをしているのに、なんで私だけが変えなきゃいけないの⁉って。

そのとき、講師が私にこんなことを言ったんです。

――「何で私だけが」と言っているうちは、何も変わらないですよ、お母さん。

あなたは「よかれ」と思ってやったわけですが、それらは、あなたのお子さんにとっては「いいこと」ではないのです。

そのことを受け入れてください――。

さらに、もう一つ、講師から間違いを指摘されました。

ふだん息子とどういう会話をしているのかを書いたノートを講師に見ていただいたところ、このように言われたのです。

――息子さんに〝自分で考える時間〟を与えてください。

えっ、「私は与えていますよ」ですって？

そうですよね、ただ私が言いたいのは、もっと与えてください、ということなんです。

今より〝もっと〟なんです――。

講師の話によれば、息子がまだ考えているうちに私が先走って「それって、こういうことでしょ」「ああでしょ」と言っている、とのことでした。

――これでは、あなたの息子さんは、自分で考えることも、自分の意見を言うこともできません。

だから、お母さん、ご自分の立ち位置を変えてください。

「私がいなければ子どもは何もできない」と思っていますよね。

そのような立ち位置から、息子さんにものを言うのはやめてください――

「正しい」と思ってやってきたことがすべて「間違いだ」と言われた私は、すっかり自信を失ってしまいました。

## 「なぜ、私だけが」と言っていた私が「変わろう」と決めた瞬間

翌日も息子は、学校で授業が始まる時間に二階にあがっていきました。

やがて、息子の部屋から歌声が聴こえてきました。

「ぼーくらはみんな生きている
生きているからうたうんだ
ぼーくらはみんな生きている
生きているから悲しいんだ」

息子の歌声が、切なくてたまりませんでした。

音楽の時間にうたう歌は、いろいろあるはずなのに、よりによって、なぜ、この歌なんだろう。
何があの子にこの歌を選ばせたんだろう。

「ぼーくらはみんな生きている
生きているから笑うんだ

ぼーくらはみんな生きている
生きているからうれしいんだ」

今、私がこの歌声を聴かされているのは、偶然だろうか。

いや、違う、何か、意味があるのかもしれない。

だとしたら、それは何だろう。


そのとき、ふと、私の脳裏に浮かんだ景色たち。

最初は、息子が生まれたときの場面が浮かびました。

あのとき夫と私は、「こんな小さいのに、ちゃんと心臓が鼓動を打っていて、生きているんだね」と感動したものでした。


その後、妹が生まれ、にぎやかになっていくわが家。

わが家は、笑い声のたえない場所でした。

「どうしたら、家族みんながまた笑って過ごせるようになるんだろう」

そう思ったと同時に、前日、塾の講師に言われたことを思い出しました。

そして「よしっ！」私は決めたのです。

私が変わろう、と。

## 大きな歯車が動くには、必ず小さな歯車から動きはじめるんです

自分が変わろうと決めた日から、私は、子どもへの対応、言葉がけ、そして「失敗をさせまい」という考え方を変える努力をしました。

長年かけて身に着いた習慣を変えることは、そう簡単なことではありませんでした。今日はじめて、明日には自分のすべてが変わる、というわけにはいかないのです。変わるのは、ちょっとずつです。

けれど、小さな歯車が動きだすと、想像した以上のことが起きます。やがては大きな歯車が動くんです。

こういう時は
こうよ
あぶないから
ダメ
ああ
だよ
変わろう！
ぐっ…
忍耐

小さな変化でも、親が「変わろう」と心に決めると、それに呼応するかのように周りが動きだすのです。

親にその都度「これでいい？」「あれで大丈夫？」と確認しなければ一歩前に足を出せなかった息子が、少しずつ自分で考えて行動するようになってきました。

息子の〝小さな変化〟に気づくたびに、私の自信は徐々に回復していきました。

そうして私は〝親の階段〟を一段、また一段と上がっていったのです。

## 子育てで、いちばん苦労していたのは子どもを「変えよう」としているときでした

子どもは、これから学校や地域など、家の外に出てさまざまな人と出会い、いろんな経験をしていきます。

それに対して大人は、すでに、いろんな経験を積み重ねてきて、その分、知識もたくさん持っています。

こんなことをしたら、こういう〝いいこと〟が起きて、あんなことをしたら、こうなる、ということを知っているのです。

だから、つい、自分の子どもに意見したくなってしまうのですよね。

私も「それが正しい」と思っていたのです。

自分の子どもが不登校になるまでは。

親御さんの意見が間違っていると言っているのではありません。

むしろ、大半の親御さんは正論を言っていることが多いのです。

ただ、今は親の意見が正しいか、そうでないかの判断はお休みしてください。

今は、みなさんといっしょに、子どもが生来持っている「力」について考えてみたいと思います。

## 自分が嫌いになるような子育てを続けていて、しあわせですか？

「子どもが失敗したら傷ついてしまう。傷ついたら、もう立ち直れないんじゃないかしら……」

以前の私は、そんなことばかり考えていました。

そうです、いわゆる心配性でした。

まだ何も起きていないのに、頭のなかで〝物語〟を創りあげて、自分ひとりで心配していたのです。


そして、「だから、失敗はさせないようにしなきゃ」って。

それはもう必死だったんです。


子どもが「友だちの家に行く」と言いだした、としたら、

「お友だちの家に行ったらこうして、こうして、こうするんだよ」

自分が持っている知識を、子どもに語ってしまう。

そのほうが、子どももわかりやすいだろうと思っていたんです。


今、振り返れば、当時の私は子どもに聞かれていないこと（それは子どもにとって必要のないことだったりします）まで話してしまっていて……。

でも、それぐらい親が必死になっても、子どもは間違うのです。

すると私は、つい怒っちゃう。

「お母さん、言ったでしょっ!!」って。

そして、怒った後は、たいてい自己嫌悪におちいっていました。


このような経験を、今まさにしているお母さんたちへ。

自分のことを嫌いになりながら子育てをする必要はありませんよ。

**「反抗期」ですか? それとも「反抗させ期」ですか?**


Dさんは、小五、小三、幼稚園の、三人の息子さんを持つお母さんです。

いちばん上のお兄ちゃん(小五)が不登校になり、復学をお手伝いさせていただきました。

私がDさんにアドバイスしたのはたった一つです。

それは、「子どもに任せてください」ということでした。

Dさんはお子さんたちに「指示出し」をする習慣がありました。


「宿題は、夕ご飯を食べる前に済ます」

「お風呂は何時までに入る」

「テレビは夜九時まで」

そんな決めごとが、たくさん、Dさんのなかにあり、子どもたちを一生懸命コントロールしようとしていました。

ところが、

「うちの子どもたち、全然、言うこと聞いてくれないんですよ」

とDさんは言います。


もう少しくわしい状況をDさんに聞いてみたところ——。

たとえば、夜の九時前になると、Dさんは、

「もう、そろそろ九時だよ」

と、子どもたちに声をかけ、子ども部屋に行くよう、うながしていました。

ところが、子どもたちは動きません。

九時を過ぎてもテレビを見ています。


宿題も、お風呂も、何でもそう。

「私が口酸っぱく言って、やっと、やるかどうかなんです」

と言うDさんに、私はこう言いました。

「口酸っぱく言って、やっと、なんだとしたら、指示出しをやめれば、子どもたちはちゃんとやりますよ」

「えっ⁉」

「九時前に声をかけるから、なかなか二階にあがらないんですよ。

九時過ぎてから、『九時過ぎたよ』って言えばいいんです。

そしたら子どもたちは素直に『はーい』って、テレビを消して寝ますから」

たぶん、Dさんは、このときはまだ半信半疑だったと思うのですが——。

それからしばらくして、Dさんから、こんなメールが届きました。

「先生がおっしゃっていた意味がよくわかりました」

## もっと楽で、楽しい子育て法があるんです

Dさんは「子どもに任せること」に不安を感じていたのですが、「指示出しをしても、子どもは言うことを聞かない」という現実を冷静にながめたとき、Dさんは「もう、やめよう」と決意したのだそうです。

このDさんの決意を後押ししてくれたのが、なんと！ それまで率先して母親のDさんに反抗していたお兄ちゃんでした。

Dさんが指示出しをやめたところ、

「はい、これから宿題をやるよ」

「はい、次はお風呂入るよ」

「もう九時だから、二階にあがって寝るよ」とか、お兄ちゃんが弟たちに声をかけるんですって。

すると、弟たちは「はーい」と返事して、お兄ちゃんといっしょにやる。

お母さんが口酸っぱく言ってたときは、やらなかったのに。

「おかげで、子育てがすっごく楽になりました」とDさん。

さらに〝いいこと〟は続きます。

午前中しか学校に行けなかったお兄ちゃんが、フルで通いだしたのです。

ひと言メモ

## 子どもが弟や妹に指示出しをはじめたときは……

Dさんのおうちで起きた変化を体験する方は少なくありません。

この本の執筆をはじめたときも、

「私が指示出しをやめたら、小三の娘が弟（小二）にやりだしたんです」

というお母さんからの報告がありました。

娘さんを見ていて「あら〜、私って、あんなに、うるさい親だったんだって反省しました」と、そのお母さんは言っていたんですが、そうやって自分を責めなくていいし、娘さんに注意をする必要もないのです。

お母さんに言われると子どもは反発したくなるけど、兄や姉に言われると「はーい」って素直にこたえます。だから、心配しないで大丈夫なんです。

それに、子どもはお母さんのこと、よく見ているんですよね。お母さんが「指示出し」をやめたことも、ちゃんと見ていて、子どもなりに何かを感じているはずです。

お母さんは、お子さんを見守っていれば、それでOKなんです。

## もう、ふりまわされるのはやめました

子どもたちへの指示出しをやめ〝親の階段〟を一段のぼったDさん。

これでハッピーエンド、と思いきや。

さらにまた一段〝親の階段〟をあがるような出来事がありました。

学校に行くようになったお兄ちゃんが、

「お母さん、ぼく、明日、学校、休みたい」

と、Dさんに言ってきたのです。


「先生、どうしたらいいでしょう」

Dさんから、夜、メールをいただきました。

「本人に任せましょう。ただ、理由だけ聞いてみてください」

私はそう返信しました。

本人に理由を聞いたところ、友だちとケンカをしたんだそう。

「だから、行きたくないって言っているんですが、どうしましょう」

というDさんからのメールに、私はこうこたえました。

「『それは学校に行かない理由じゃないよね』って、ひと言、言ってください。

お母さんは説明したり、解説したり、しないでください。

ただ、ひと言『行かない理由じゃないよね』って言ってください」

## 子どもは「自分で考え行動する」力を持っているんです

「友だちとケンカしたっていうことは、理由にならないんですね」とハッとした様子のDさん。

そうなんです。それは理由ではない、ということ。

〝理由〟というのは、誰が聞いても、

『それだったら、そうだよね』

って納得できるものがなきゃいけないのです。

友だちとケンカしたから学校に行かない、というのは、息子さんの中でしか成立していません。第三者が納得できる状況ではないのです。

ということは〝理由〟ではないのです。

だから、ひと言、

『それ、行かない理由じゃないよね』

と。

ただそれを言ったら、うちの子、学校に行かなくなるのでは、と不安になるかもしれません。

今は『理由じゃない』と言うことだけ、それだけ、考えればいいんです。

息子さんを学校に行かせよう、行かせようとする必要はありません。

『それ理由じゃないよ』と言うこと。

それだけ、がんばればいいんです。

あとは、子どもはちゃんと自分で考えます。

子どもに考える時間を与えるんです。

それは理由じゃ
ないよね
ああ、
やっぱりそうか…
あれ
これ
それ
子どもは
自分で考える

子どもの、日々の〝小さな変化〟を見るのが楽しい

この後、Dさんはお兄ちゃんに「行かない理由じゃないよね」と言いました。

お兄ちゃんは「うん」と言って、翌日、学校に行ったそうです。


その後も、お兄ちゃんは、「学校に行かない」と言ってきました。

しかし、Dさんは、前の経験で、すでに学んでいます。落ち着いて「どうして？」と理由をたずねたそうです。

するど、お兄ちゃんはこう言ったそうです。

「授業が嫌だから」

「それ理由にならないよね」
Dさんがそう言うと、お兄ちゃんは
「あぁ、やっぱり、そうか」
と言ったのだそう。

そうです、お兄ちゃんは、ちゃんとわかっていたのです。
それは理由じゃない、ということを。

そして、さらにこの後、ちょっとした騒動があったのです。

ある日、担任の先生から電話がかかってきて
「体育の授業中、息子さんがお腹を打って、歩けなくなりました。
お母さん、迎えにきてください」
と言われたそうです。

昔のDさんだったら、あわてて迎えに行ったことでしょう。
しかし、このときは違いました。

Dさんは落ち着いて、
「仕事中なので、今すぐには行けません。詳しい状況を教えてください」

と、担任の先生に言ったそうです。

担任の先生は、Dさん親子の事情を知っており、電話を切ったあと、上司や保健室の先生らと話し合いました。

その結果、「ランドセルを教室に置いたまま、病院で検査を受けてもらいましょう」ということになり、Dさんはお兄ちゃんを病院に連れていきました。

検査の結果は「異常なし」。

Dさんはお兄ちゃんにこう言いました。

「異常がなくてよかったね。じゃあ、学校まで送るね」と。

実を言うと、お兄ちゃんは、このとき、早退したかったのだそう。

Dさんは、それに気づいていましたが、気がついていないふりをして、

「じゃあ、学校まで送るね」

と、きっぱり言ったのだそう。

お兄ちゃんは、

「あ、ありがとう」

学校まで送ってもらった後は、何事もなかったかのように、授業を受け、家に戻ってきたそうです。

最近、お母さんのDさんは、声をかけなくても自分で起きてくるなどの子どもたちの日々の〝小さな変化〟を見るのが楽しみになっているのだそうです。子どもは親がコントロールしなくても自分で時間配分をして過ごすことができる力を持っているのです。

## 日々、イライラと闘うような子育ては割りが合いません

自分の子どもに対して、どう接すればいいのか。
自分の子どもの言動にどう対応すればいいのか。
私がこれまでかかわってきた親御さんは、みなさん、日々、悩んでいます。
そのなかで、非常に多い悩みの一つが、
「子どもがあまりにもマイペースで、イライラする」
なのです。

朝からイライラして、つい、
「もう、早くしなさい！」

出したくもない、大きな声を出してしまう。
だけど、子どもが言うことを聞くことはなく、むしろ反発されます。
そして、親御さんは反省するのです。

「あぁ、またやってしまった」と。

そんな子育てを卒業したEさんのエピソードをご紹介させていただきますね。

**マダマダ星人をやっていると、くたくたになります**

Eさんは二人のお子さんのお母さんです。

上は、お姉ちゃん。中三のときに復学して受験勉強をはじめ、希望した高校に合格しました。二歳年下の弟くんも、中一のときに復学しました。
そうです、二人とも、以前は不登校だったのです。

ただし、きょうだいは同じではありません。

それぞれに個性があります。

お姉ちゃんは真面目で、きちんとものをこなしていくタイプ。

一方の弟くんは、超マイペースです。


Eさんは、どちらかというと、このマイペースな弟くんに、イライラすることが多いようでした。


「まだ寝てるの？」

「まだご飯食べてないの？」

「まだ宿題やってないの？」

「まだお風呂入らないの？」

Eさんは、イライラして
「早くしなさい！」

と言うのですが、息子さんは自分のペースを貫こうとします。

「どうしたらいいんでしょうか、先生」

Eさんに相談された私は、こう答えました。

「お母さんにはお母さんのリズムとペースがありますよね。

だけど、息子さんには、息子さんのリズムとペースがあるんです。

親子と言えども、違うんです。

息子さんは、息子さんのリズムでいくのがいいと思いますよ」

Eさんは「朝の声がけは一回まで」と決め、それからずっと実践し続けていたのです。

そんなある日の朝、Eさんからメールが届きました。

「先生、うちの子がまだ起きてきません!!」というメールです。

「あと一〇分、待ってみましょう」

と私は返信しました。

## なぜ、イライラするんでしょうか

しばらくすると、Eさんから、こんなメールが届きました。
「先生、息子が起きてきました。
でも、私は七時半ごろには家を出なくてはなりません。
息子は牛乳を飲んだだけで、ご飯はまだ食べていません。
シャワーも入っていません。
リビングのソファに座って携帯をいじってるんです。
先生、どうしたらいいですか？」
私は「本人に任せてください」と返信しました。

またしばらくすると、Eさんからメールが届きました。
息子さんは、七時一〇分ぐらいになって、突然、立ち上がると、
「入る」
そう言って、お風呂場でサッとシャワーを浴びたそうです。
「リビングに戻ってきて、また携帯をいじっています。
まだご飯を食べていません」とEさん。

「お母さん、彼はきっと牛乳だけで済ませるつもりだと思いますよ。
息子さんなりに、ちゃんと時間を計算して、行動しているようです。
声をかけるの、もう少しだけ、待ってみてください」
私はそう返信しました。

Eさんは「いつまで待てばいいんですか?」と。

七時半まであと一〇分。

Eさんが必死でガマンしているのがわかります。

私は「ちょっと外に出ませんか」と提案しました。

なぜなら、Eさんが息子さんのことをずっと見ているからです。

他のものを見ていれば、イライラしないで済むのです。

## 「イライラして損をした」と思ったらチャンスです

「これから外に出て散歩してきます」

Eさんからの返信を読んだ私は息子さんに電話をかけました。

「お母さんに電話したら出ないんだけど」って。

「おかしいな、さっきまで、いたんですけど」

と、息子さん。

「ところで、あなた、何時に家を出るんだっけ？」

「七時半です」

「出かけるところだったんだ、ごめんなさいね」

「え、まあ、はい」

「じゃあ、いってらっしゃい。

お母さんによろしくね」

「はい、ありがとうございます。

行ってきます」

そんな会話をして電話を切りました。


そして、七時半、外からEさんが戻ってきました。

玄関先で息子さんとすれ違ったそうです。


「先生が言っていた通り、息子なりに考えていたんですね。

『行ってきまーす』って出ていく息子の姿を見て、私、思いました。

あぁ、イライラして損したって」とEさん。

以後、Eさんは「子どもは子どものペースでやればいい」と考えるようになりました。
「自分のペースでやって何か問題が起きたとしても、本人が振り返って、何がいけなかったのかを考え、ちゃんと対処するから、心配はいらない」
というふうに考えるようになったからです。

「宿題終わったよ、お母さん」

Eさんが「まだ〜してない」「まだ〜やってる」の、マダマダ星人をやめた後、息子さんは、相変わらずマイペースで過ごしています。

しかし、以前と少しだけ、違うところがあるのです。

たとえば、以前は夏休み中に勉強はいっさいやりませんでした。
夏休みが終わる直前に、ちょっと、やるぐらい。
Eさん曰く、夏休みの読書感想文は、毎年、息子さんに代わって書いたのだそうです。

ところが、母親のEさんの対応が変わってから、息子さんは、夏休みの宿題をさっさと済ませてしまったうえに、

「読書感想文を書くから、お母さん、本を買って」

と、言ってきたのだそうです。

親が変われば子どもも変わる、それは夢ではありません。現実の世界に今も起きている〝事実〟なのです。

# 第3章

# うれしければ喜び、
# 悲しければ悲しむ
# 親の役目はこれで十分なのです

ようやく学校に行きはじめたのに――
行ってきまーす
キラ
キラ
やっぱり行かない
プイッ
再びガーン
また
パタン…
なぜ…
元に戻ってしまった…
今までの苦労はなんだったの
上手くいってたと思ったのはまやかし？
どうしようどうしよう
また同じ事がくり返されるの？
ぐるぐる
ぐる
ぐる
まやかし
不安
いらだち
とまどい
疑問
焦り

いやーー
ーちがう
ここは頑張り時だわ
ぐっ
子どもをわがままな王様にしてはいけない!
キヒヒ…
ははーっ
子どもが親をコントロールしようとしてもー
ぐるぐる
キヒヒヒ…
うわぁ〜
態度を変えてはダメ!
むん
うわぁー
それが親の役目よ
うん
ちぇーっ
すごすご
……あれ?
でも親の役目って具体的にはなんだろう?
疑問

## 親は親、子どもは子ども　適切な〝人間距離《じんかんきより》〟を保てていますか？

車を運転するときは十分な車間距離を取って走るよう、みなさん、心がけていることでしょう。

それは、前後を走る車との間がつまっていると車がスムーズに流れなかったり、思わぬ事故につながることがあるからですよね。

人と人の間も適度な〝人間距離〟を保つことが、心のつながりを考えたときに非常に大切になってくるのではないかと私は思うのです。

「親子だから」と言って〝人間距離〟を密にしすぎてしまうと、いつまでも「親離れ、子離れ」ができないような気がしてなりません。

## 〝その距離〟は、子どもの成長・自立を助けていますか？

赤ちゃんの頃は、お母さんにだっこやおんぶされるなど、お母さんと密着して過ごした子どもも、ある程度の年齢に達すると、自分の世界を築き、友だちを介して外の世界につながりを持つようになります。

それは同時に、お母さんとの〝人間距離〟が広がっていく（つまり距離的にも、心理的にも、離れていく）ことでもあるのです。

そして思春期を迎えた子どもは、親に対して、

「ちょっとほっといてほしいな」とか、

「うざいな」とか

感じるようになるのが一般的です。

ただ、最近は〝人間距離〟が密になりすぎている母子が増えてきている印象が、私の

なかにあるんですね。

Ｆさんと中学生の息子さんも、そうだったのです。

ご本人たちは「仲がいい親子だ」と思っているのですが、第三者から見ると「仲がよすぎ」でした。

そして、私どものほうへ指導の依頼があったときは、息子さんは、五月雨登校という状況だったのです。

学校に行けた日でも「一時限目から行く」ことはめったにありませんでした。

遅刻するうえに、早退して家で一人ゲームをしているのです。

## 〝親の役目〟って何でしょう

〝人の助け〟が必要なときが、長い人生のなかにはあります。

たとえば、危険にさらされているとき。

自力だけでは超えられないような出来事が起きたとき。

自分にできる努力以上の力が必要な課題を与えられた等など。


それ以外であれば、子ども自身のことは本人に任せるのがいいのです。

「本人に任せる」とは、「子どもが自ら考えて行動し、その結果、起きたことから学びを得る、ということです。

それによって子どもは自信をもって自分の人生を歩いていけるでしょう。


私がかかわっているお母さんたちも、このことをよく理解しています。

ところが、自分のお腹から生まれてきた子どもと向き合ったときに、わからなくなってしまうのです。


出会ったばかりの頃のFさんもそうでした。

しかし、指導を通して、

「子どもの人生は子どものもの」

「自分が息子のためにやれることは、おいしいご飯をつくることだけ」

などといった考え方を取り入れるようになってから、Fさんはハグをやめ、息子さんと十分な〝人間距離〟をとる、つまり、本人の問題は「本人に任せる」ことにしたのです。

たとえば、「そんなに学校に行きたくないのなら、行かなくていい」と、突き放してみたのです。

## 親が心配した通りにはならないのです

読者のみなさんのなかには、

「子どもを突き放すなんて、そんなことをして大丈夫だろうか」

と、心配になった方もいたのではないでしょうか。

私がかかわったお母さんたちも、みな最初はそうなのです。

「そんなことをして、親の子の絆はどうなっちゃうんだろう」

と、心配になっちゃうんですね。
そんな、お母さんたちに、私はよくこう言います。
「とにかく、やってみましょう。
やってみれば、何が正解で、何が間違いか、わかりますから」
Fさんにも同じことを言いました。
Fさんは「はい、わかりました」と言って、トライしてみたのです。
「行きたくないなら行かなくていい」
って、密になっていた〝人間距離〟を突き放してみました。
すると息子さんはその日一晩、考え、そして翌朝、
「行ってきます」
と言って家を出ました。
「ほっ」と胸をなでおろしたFさんでしたが、午後、学校から連絡があり、息子さんが

学校に着いたのは二時限目が始まった頃だったと、知らされました。

しかし、「最初からそう簡単にはいかない」ことを、事前にFさんに伝えていましたので、Fさんにとっては「なるほど、これか……」という感じで動揺は見られませんでした。

読者のみなさんが知りたいのは、学校から戻った息子さんへの対応でしょう。

Fさんは、どうしたのか。

小言もグチも言いませんでした。

ただ、ひとこと、「今日は二時限目から出たんだってね」って、つぶやいただけだったのです。

息子さんはまた一人で考える時間を持ちました。

そして翌日はちゃんと一時限目から授業を受けたそうです。

それ以来、息子さんは休むことも、遅刻も早退もなく、学校に通っています。

## 子どもを育てるのは〝親だけ〟ではありません

また、ある日、息子さんが「膝が痛い」と言って部活を休み、家で過ごしていました。今までのFさんだったら、「まあ、たいへん！」ことを荒立てていたのですが、このときはすでに「息子さんの問題は、本人に任せる」という姿勢ができていて、Fさんは「毎日おいしいご飯をつくること」に専念していました。

案の定、しばらくすると、息子さんは再び部活に行きはじめました。

息子さんの背中を押したのは、部活の顧問の先生でした。

「来年のことがあるから、今度の合宿は参加したほうがいいよ。見学するだけでいいから」と、顧問の先生が声をかけてくれたのがキッカケで、息子さんは自分で考え、「部活にも、合宿にも参加する」と決めたのだそうです。

## 意外と少ない、親が子どもにしてあげられること

私がFさん親子にかかわる以前から、息子さんはお父さんと約束をしていたことがあっ

たそうです。

それは、学校の成績は進級基準を満たさなかった場合は「ゲーム機やゲームソフトを、地方に単身赴任中のお父さんのところへ送る」という約束でした。

そして、私どもが支援を開始した頃の成績が基準を満たしていなかったのです。

「先生、ゲームはどうしたらいいでしょうか」

Fさんからの質問に、私はこう答えました。

「送らなくてもいいでしょう、本人に任せましょう」

「好きなゲームが一切できない状況」をつくることは息子さんの反発を招きかねません。

だから私はFさんに「送らなくていい」と言ったのです。

Fさんは最初けげんそうに「でも、家にあったら、ゲームしちゃうんじゃないでしょうか？」と言っていたのですが、

「やってみて、ダメだったら、また考えましょう」

という私からの提案を、Fさんは受け入れ、送らないことに決めました。

その結果、どうでしたかって？


息子さんは、ちゃんと約束を守ってゲームをしなかったのです。

目の前にゲーム機があるのに。

そして、中二に進級して最初の中間テストの判定は進級基準を大幅に上回ったものになりました。


息子さんの変化を目の当たりにしたFさん。

ある日、お電話をくださって、私にこう言いました。

「母親は、おいしいご飯をつくるだけでいい、って本当なんですね」

## 時流に合わせることより、もっと大切なことがあるんです

ひと昔前は「かわいい子には旅をさせろ」と言われていました。

厳しい経験を積むほど子どもは成長するから、子どものことをかわいいと思うのであればなおさら、世の中でつらい体験をさせるべきだ、という考え方を、昔の人はしていたわけです。

ところが今では、「子どもはほめて育てたほうがよい」と考えられるようになってきて、一生懸命、わが子をほめて育てている親御さんが増えてきています。

そして最近は、児童心理学や児童精神科の専門家の間のなかから、「ほめる子育て」を

疑問視する声もあるそうです。

ほめる子育ては、子どもにとって、本当によいことなのだろうか、と。

どっちが正しいのか、という話をしているのではありません。

子育てにも流行りすたりがある、と言いたいのです。

しかしその一方で、変わらないものがあります。

時代が変わっても変わらないものを大切にしながら、子どもに対応していくことが大切ではないかと私は思うのです。

## 時代が変わっても、大切な親と子の心の交流

時代は変わっても、変わらないもの、それは、人の心と心は響き合うのです。

親が喜ぶと、子どももうれしくなり、「また親を喜ばそう」とします。

逆に、親を悲しませるようなことをしてしまったとき、子どもは悲しくなって「もう二

度と、親を悲しませてなるものか」と思います。

だから私は、お母さんたちに言うんですね。
子育てというのは、実は、非常にシンプルなんです、と。
親の対応は、「喜ぶ」か、「悲しい」か、のどちらかなんです、と。

たとえば、子どもが「お母さん、テストで一〇〇点とったよ」と言ってきたとします。
親は「うれしい」ただそのひと言につきるでしょう。
その気持ちを素直に表現すればいいのです。
笑顔で「お母さん、うれしい」と言ったり、喜べばいいのです。

子どもをほめたいのであれば、「ほめる」のではなくて「認めること」が大事です。
ただし、そのときは「素直に喜ぶ」ことを忘れてはいけません。
なぜなら、真顔で認められても、相手は認められた気がしないからです。

親は特別なことを言ったり語ったりしなくても、素直に喜んでいるだけでいいのです。
親が喜ぶ姿、とくに母親が喜ぶ姿を見ると、子どもはうれしくなります。
また親の喜ぶ姿を見たくて「次もがんばっちゃおう」と思うのです。

## 一〇点のテストを見せてきたことに「ありがとう」と思うんです

子どもがテストで一〇〇点をとってきたときは、「うれしい」という言葉が自然と出てくるのですが、悩ましいのは、点数が一〇点、二〇点だったとき。

点数がよくないと、「もうちょっと勉強しなさい」って言いたくなりますよね。
そこをグッとこらえて、見せにくいのに見せてきたことに対して、「ありがとう」という気持ちをもつことが大事です。

テストの結果がよくないことは、子ども自身が一番よくわかっているんです。
だから、親には見せたくない、「隠したい」という心理が働きます。

それを、子どもが見せてきたことに対して、
「ありがとう」
って、私は思うようにしているんです。
そして、子どもに「見せてくれて、うれしいな」って言います。
すると、子どもは、テストの点数が良くなくても、見せてくるようになる。
「テストどうだった？ 見せなさい」なんていう必要はないのです。

**親は悲しむ姿を見せるだけでいいのです**
**あとは本人に任せておけばいいのです**

親が悲しくなるのは、子どもが悪いことをしたときです。
具体例をあげると、弱い者いじめをする、人に迷惑をかけたり不快な思いをさせる、あるいは法律違反を犯した等ですね。

そのとき、たいがいの親御さんは、子どもを叱るでしょう。

素直に反省するような子どもであれば、叱るのもいいかもしれません。

でも、子どもが親に反発して聞く耳を持たない場合、子どもを叱ると、火に油を注ぐようなもの、子どもの反発心を増大させてしまいます。

そうならないためには、子どもを叱るよりも、「子どもに気づかせる」ことをしたほうが、いいのですね。

ただ問題は、どうやって子どもに気づかせるか、なのです。

私は、よく、お母さんたちにこう言います。

「親は悲しむだけでいいんです」と。

つまり、自分の悲しい気持ちを表情・しぐさ、あるいは「黙ってその場を離れる」といったことで表現するのです。

そんなことでは、子どもはわからない。

「悲しい」とはっきり言わないと、子どもはわからないのでは？

そう思った方もたくさんいると思います。


確かに、子どもには、わからないかもしれません。

子どもには「お母さん、何か変だな？」ということしか、わからない。

だからこそ、「悲しむだけ」でいいのです。


「変だな、なんで、こんな悲しい顔をするんだろう」

「変だな、どうしてボクに何も言わないんだろう」

「変だな、どうして、いなくなっちゃったんだろう」

親がいつもと違う、その理由がわからないからこそ、

「どうしたの？ お母さん」

子どものほうから親に近寄っていくからです。


自ら親に近寄りはじめた子どもは「親をよく見る」ようになります。

親の表情、雰囲気をよく見て、親が悲しんでいれば、親が悲しむようなことはしないよ

うにしようと学びます。

親が喜んでいれば、また喜ばせようと子どもはするのです。

だから、親がその都度、指示を出す必要はありません。

親は心がうれしいときは、喜べばいいのです。

「悲しい」と感じたら、悲しめばいい。

それができれば、親の〝役目〟は十分、果たしたことになるのです。

100点！
うれしいなぁ
わぁ
喜んでる
次もがんばっちゃおう！

ひと言メモ

## 親は「子どもの求め」にこたえるだけでいいのです

私がかかわったお母さんたちは、とてもまじめです。

子どもが質問をすると、お母さんたちは「まじめにこたえなきゃ」と思って、子どもが求める以上の情報を与えようとしてしまいがちです。

子どもが知りたいことは何なのか、話をよく聞いて、子どもが知りたいことだけ、教えるだけで十分なのです。

また、子どもから「ちょっと、話を聞いて」と言ってくることがあると思います。そのときに、「あぁ、そうなんだ」と相槌を打つのはいいのですが、「それって、こういうこと？」とか、「そのとき、あなたはどういう気持ちだったの？」などと質問をはさまないことです。

子どもから話を聞きだすためにやっているのだと思いますが、話している側からすると、「話を聞いてもらった」という気がしないことがあるからです。

それよりも、子どもの話を「受け止める」ことに専念したほうがよいのです。

## アクセルとブレーキ、逆じゃないですか？

私たちは、自分でも気がつかないうちに、アクセルとブレーキを間違って踏んでいることがあります。

たとえば、恋愛関係で、よくこんな話がありますよね。

恋人のことが大好きだから追いかけていると、相手は逃げるんです。

逃げるから、もっと追いかけようとするのですが、追いかければ追いかけるほど、距離は離れていきます。

だとしたら、一度、追いかけるのをやめるのです。

そして、こちらが逃げる側になってみる。

そうすると、相手は追いかけてくるんです。

実を言うと、親子関係でも同じ現象をよく見かけます。

**子どもは部屋に閉じこもって何をしているか、知っていますか?**

お子さんとウマくコミュニケーションできないことに悩んでいる親御さんの大半は「追いかける側」、子どもは「逃げる側」なんです。

これを逆にすればいいのです。親が「逃げる側」になればいいのです。

親が子どもに近寄っていくのをやめてみることです。

すると、子どもが親に近寄ってきます。

このとき親は気づくのです。

あぁ、そうか、私はアクセルとブレーキを逆にしていたんだな、って。

ついこの間、Gさんの娘さんが再登校しました。

娘さんは中学三年生で、部活は軽音楽部に所属しています。

不登校の間、部活を休んでいましたが、再登校後は部活も再開しました。

行きはじめた頃〝朝から晩まで部活づけ〟という日が二日連続してありました。


一日目、娘さんは、ぐったり疲れて帰ってきました。

その姿を見て、Gさんは心配で心配でたまりませんでしたが、娘さんに「大丈夫？」と声をかけたい気持ちを、一生懸命こらえていました。

と言いますのは、Gさんは少し前までアクセルとブレーキが逆だったからです。


たとえば、以前、娘さんが「カラオケに行きたい」と言ったことがありました。

この場合、「じゃあ、カラオケに行こう」とか、「また、今度にしようね」となるのが「ふつう」だと思うんですね。

だって、娘さんは「カラオケに行きたい」と言っているわけですから。

ところが、Gさんは親戚がやっているボイストレーニング教室に通わせる段取りをしてしまうのです。娘さんが頼んでもいないのに。

一事が万事、Gさんは、娘さんが歩む人生を、「こうなったらいいんじゃないか」と想像し、勝手に「だったら、こうしましょう」「ああしましょう」と先手を打ってしまいます。

そのように次々と「こうしましょう」「ああしましょう」と言われると、子どもは追いかけられているような感覚になり、やがて疲れて果ててしまいます。

子どもは、自分を守るために、逃げるしかなくなってくるのです。

だから、Gさんはブレーキを踏み、「追いかける側」から「追いかけられる側」になることを覚える必要があったのです。

## 当事者だからこそ、なかなか気づけないことがあるんです

二日目の朝、娘さんは小さな声で「行ってきます」と言って、家を出ました。

Gさんは、もうガマンできなくなって、私に電話をくれたんです。

「うちの娘、元気ないみたいなんですけど、どうしたらいいでしょうか」と。

私は「女の子だからスイーツでも買ってきて、食後のデザートに出してあげたらどうですか?」と言いました。


Gさんは、私のアイディアを取り入れ、夕食のときに買ってきたスイーツを黙って食卓に出したそうです。

娘さんはものすごく喜んで、「おいしい、おいしい」って食べたんですって。

ここまでは何の問題もなかったのですが――。


数日後、Gさんから電話がかかってきました。

Gさんは悲痛な声で私にこう訴えました。

「先生、助けてください! 娘が部屋に閉じこもってしまいました。なんで閉じこもっちゃったのか、わからなくて、どうしようもないんです」

## 相手が求めていないのに、人の悩みに首を突っ込むのは、親と言えどもマナー違反なのです

Gさんに、詳しい経緯をうかがったところ、部活を終え、家に戻ってきた娘さんは、同居するおばあちゃんに、

「やばい、うまくやれなくなった」

とだけ言って、部屋に閉じこもってしまったそうです。

「その後、Gさんは、どうしましたか?」

私の質問に、Gさんはこう答えました。

「娘の部屋に入って、『どうしたの? 大丈夫』と声をかけました」

そして、しばらく娘の話を聞いて、気分転換にお風呂に入るようすすめました。

それまで順調に「追いかけられる側」になることを覚えていたGさんでしたが、再び「追いかける側」に戻ってしまったのです。

このことをGさんにお伝えすると、

「えっ」Gさんはまだピンときていない様子。
そこで私は彼女にこう言いました。

「お母さん、娘さんは部屋にただ閉じこもっているわけではないですよ。
あの子は、これからどうしたらいいか、考えていたんですよ。
今日、こんなイヤなことがあった、誰それさんにこんなイヤなこと言われた、自分は
どうしたら、こんなイヤな目にあわずに済むんだろうって考えていたんです。
大人の目には時間を無駄づかいしているように見えるかもしれません。
でも、この時間が、子どもを成長させるんです。
本人にとっては、かけがえのない、大切な時間なんです。
何人たりとも、それを奪う資格はないのです」

なぜ、私はこんな厳しいことをGさんに言ったのか。
再び「追いかける側」に戻ってしまったから、というのも、理由の一つです。
でも、一番の理由は、娘さんは学校に行くようになってどんどん成長していたからな

のです。

ようやく芽吹いた、その芽を、摘みとってほしくなかったのです。

## 子育ては「家のなかだけで完結するもの」ではないのです

Gさんの娘さんは、私立の中高一貫校に通っていました。

よほどのことがない限り、そのまま高等部にあがれるのですが、本人は「女優になりたいから、外部の高校を受験したい！」と言っていたのです。

ところが夏休みに入ったある日、突然、母親のGさんに、

「高校受験するの、やめた！」

と言ってきたそうです。

その直前、娘さんは、近所に住む、小学生時代の同級生と会ったのだそう。

同級生は公立の中学校に通っているのですが、夏休みも返上して受験勉強にがんばっていたそうで、

「公立って、高校受験のときに大変なんだね」

と、Gさんに語ったそうです。


また、娘さんは、音楽の授業中、クラスメイトの前で歌をうたうときに、ドキドキしてしまったのだそう。

「私って、女優になる素質、持ってないのかも」

そんなことを言うようになったのだそうです。


それが、どうかしたんですかって？

今まで家のなかに閉じこもっていた娘さんが、学校など〝外の世界〟と接点を持つようになって、受験の大変さがわかり、自分自身のこともよく見えるようになってきた、つまり「成長している」ということなのです。

人というのは、実は、自分自身の姿を見ることができないのです。

だから、みなさん、鏡を見るのですよね。

その鏡の役割をしているのが、周りにいる人、日々、出会う人なのです。

娘さんが学校に行くようになって、段々自分のことがわかってきたのは、周りの人が鏡となって、娘さんの姿を映してくれているからなんです。

Gさんは、私の話を聞いて、こんなことを言ってました。

「先生が、よく『親は何もしなくていい』とおっしゃるじゃないですか。あの意味が、少し、わかったような気がします。娘は、周りの人たちが育ててくれるんですね。今、やっと、気づきました」

〜外の世界が鏡になる〜
みんなの前で歌ってごらん
受験は大変よ
こうするといいよ
こういうのもあるわよ
いいね

## それが〝パターン〟なんだって、ごぞんじですか？

「もう、明日から学校、行かないからね」

わが子にこんなことを言われたら、ドキドキしてしまいますよね。
実際に、自分の子どもにそう言われたことがある方も、もしかしたら、いらっしゃるかもしれません。

私がかかわった、あるお母さんも、中学生の娘さんに「明日、学校に行かないからね」と言われました。

そのお母さんは娘さんに沈黙で答えたのです。

「学校に行きなさい」とも、何とも言いませんでした。
お母さんの沈黙は、「自分のワガママを通そうと、いくらがんばっても無理ですよ。私はその手には乗りませんからね」という意思表明でした。

この後、娘さんはどうしたと思いますか？

翌朝、家族に気づかれないよう、こっそり学校に行っていたんです。

## 子どもが〝ワガママな王さま〟になるパターン

子どもが学校に行かなくなって、ずっと家にいる。
そのとき、たいがいの親御さんは、子どものために、なんとかして学校に行かせようと、声をかけたり、いろいろと手をかけるのです。

その結果、どういうことが起きると思いますか？

〝赤ちゃんがえり〟ではないけれど、子どもが〝ワガママな王さま〟になってしまうことがあるのです。

これまでに私がかかわった親子さんに、よく見られる〝パターン〟をご紹介しましょう。

たとえば、子どもが「これほしい、これ買って」と言うのです。

それが、必要でないものだったり、高額なものだとすると、

「そんなの、無理」

最初、親御さんは、子どもの要求を突っぱねるのです。

ところが、子どもがヘソを曲げて、自分の部屋に閉じこもったりするのです。

そうすると、親御さんは心配になって部屋に入り、

「何してるの？ ご飯食べないの？」

とか、子どもに話しかけたりしているうちに、おねだりされたことを思い出して、子どもに言うんです。

「この前、言ってた、あれ、買ってあげる」って。

子どもは「やったぁ！」大喜びです。
そして子どもは学習するのです。
「自分のワガママを聞いてくれないときは、こうすればいいんだ」って。

この〝パターン〟を知らない親御さんたちが多いのです。
知らないから、同じ〝パターン〟を繰り返してしまいます。
そして知らないうちに、子どもを〝ワガママな王さま〟にしてしまうのです。

## こんなとき〝ワガママな王さま〟から暴君に変ります

この〝パターン〟に関して、お話しておかなければならないことがあります。
それは、子どものワガママを聞いたからといって「学校に行けるようになる」とは限らない、ということです。

一日、二日ぐらい、行ったとしても、しばらくすると、また行かなくなってしまいます。

すると親御さんは子どもに言うのです。

「何で行かないの？　買ったら行くって、言ったじゃん」って。

子どもとしては、痛いところを突かれているわけです。

さらに、「学校に行かないで、どうすんの⁉︎」

親御さんのお説教は、止むことなく続いています。

ひと言メモ

**家出をしたとき、自殺をほのめかしたとき、親の対応は……**

親御さんたちが〝親の階段〟を一段、また一段とあがっていくのに合わせるようにして、子どもも成長していくわけですが、その過程でいろんなことが起きてきます。

たとえば、子どもが家出をしたり、自殺をほのめかすことがあるのです。

そのときは、適切な対応というのは個々に異なります。親御さんたちと支援する側とで連絡を取り合い、その場、その場で、臨機応変に対応していくのですが。

とはいえ、いろんな事情があるけれど、つまるところ、子どもは「自分の意見を通したい」、だけど、それができないから家出をしたり、ほのめかすことをするのです。

親御さんはハラを据え、毅然とした態度を子どもに示すことが大切です。その意味で、子どもが戻ってきたときの親御さんの対応が非常に重要だと言っても、言い過ぎではないでしょう。

「どこに行ってたの？　何をしていたの？」

親御さんとしてはいろいろ聞きたいことがあるでしょうが、〝人間距離〟を詰めようとしないこと。子どもへの質問は封印し、何事もなかったかのようにふるまうように──と、親御さんにアドバイスするケースがほとんどです。

それは、子どもに対する「ダメなものはダメ、ワガママは通らないのよ」というメッセージになります。

さらに、親として毅然とした態度を貫くことで、子どもは「やっぱり、この親にはかなわない」と思うようです。この気づきが、後の親子関係はもちろん、子どもの成長にも、好影響を与えるのです。

「ちょっと！お母さんの話、聞いてるの！」

すると子どもは「うるさいっ‼」キレてしまいます。

よくよく考えると、子どもがキレるのも、わからなくはありません。

最初は「ダメだ」と言っていたのに、「学校に行かない」となったら、「この前言ってた、アレ、買ってあげるから……」親の対応に、首尾一貫性がないのですから。

自分が同じことをされたらどうなのか、少し考えてみてください。

馬の鼻先にニンジンをぶらさげるようなことをされたら、そりゃあ、腹が立つでしょう？

子どもだって同じなのです。だから——。

「出てけ！」
親御さんは部屋から追い出されてしまうのです。

わが子から嫌われることほど、つらいことはないでしょう。
でも、人を変えることは、私たちにはできません。
親子の間柄でもそうなのです。

親御さんが変えられるのは、自分自身、ただ一人です。

しかし、前にも言った通り、親と子は合わせ鏡のような関係です。
親御さんが変わることで、子どもも変わっていきます。
これから、私がたずさわった、Hさん母子の実話をご紹介したいと思います。

**昼夜逆転の生活、暴言、家出を繰り返す息子に、お母さんは……**

Hさんには、高校一年生の息子さんがいます。

息子さんはずっと学校を休んでいて、

「あと七日、欠席したら、退学ですよ」

Hさんは、担任の先生から、そのように言われました。


「このままではいけない」

切羽詰まって、私どもに支援を求めてこられたHさんに、私は言いました。

「さっそく今晩、息子さんに言ってください」と。


学校に行きたくないなら、行かなくていい。

ただ、一つだけ、あなたに言いたいことがある。

昼夜逆転の生活はやめなさい。

昼夜が逆転しているのは、あなたが夜中過ぎてもスマホを見ているからだよね。だから、夜十一時から朝八時までお母さんにスマホを預けなさい。

今晩から、そうしたいけど、でも、三日間、猶予期間をあげるね——って、息子さんに言ってください。

という、私からのアドバイスを、Hさんは即、実行しました。

ところが、一日たっても、二日たっても、息子さんはスマホをもってきません。

とうとう猶予期間の、三日が過ぎてしまいました。

Hさんは、約束の三日が過ぎた、夜中の二時頃に、Wi-Fiのスイッチを切ってしまいました。

それまでスマホでネットゲームをしていたのに、突然できなくなったことに息子さんは腹を立て、

「もう、こんな家、出ていってやる!」

夜中に、家を出て行ってしまいました。

このような場合、私は親御さんたちに、

「帰ってきますから、追いかけないでください」

とアドバイスしています（155ページのひと言メモをご参照ください）。

ところが、Hさんはあわてて息子さんを捕まえようと、家を出てしまったのです。

見失った息子さんを探していると、パトロール中のおまわりさんが、

「何かあったんですか？」

と声をかけてくれました。

Hさんが事情を説明すると、おまわりさんが一緒に探してくれることになり、そして夜中の三時頃、おまわりさんは息子さんを発見。

息子さんは自宅に戻り、いつものように昼夜逆転の生活をしていたそうです。

「そんなわけで、先生、どうしましょうか」

Hさんから前夜の出来事を聞いた私はHさんに言いました。

「お母さん、あなたは何も悪いこと、していませんよ。

昼夜逆転しちゃダメだ、って言っただけ、あなたがやったことはそれだけです。

それよりも、今までと同じことをしていたのでは何も変わりませんよ。

ワガママは通らないんだよ、無理なものは無理、ダメなものはダメなんだ、っていう態度をあなたが示さないと、つまり、親の対応を覚えていかないと、お子さんはいつまでたっても、変われないのです」

## 子どもが暴れているとき、親は試されているのです
## 親の態度を貫けるかどうかを

その後も、息子さんは、自分のワガママを押し通そうと必死でした。

「スマホはオレの命だ、オレの命を奪うな」と言ったり、バリカンで頭髪を刈りあげて坊主頭にしておきながら、「オレはこれでもう学校に行けないからな。こういうふうにしたのは、おまえのせいだからな」とHさんに難癖をつけたり、「人を殺しに行ってくる」言って家出をしたり。

とにかく、あの手この手を使って、自分のワガママを通そうとしていました。

その都度、Hさんから相談の電話がありました。

そして私は毎回、Hさんに同じことを言い続けたのです。

「お母さん、息子さんの言うことに反応しないでください。

息子さんは、あなたを困らせたくてしょうがないのです。

その手に乗ってはいけません。

息子さんの言動に反応してはいけません。

『あなたがそうしたいのであれば、そうすればいい。ただし、その結果については、お母さんには責任ないからね』と思いつつ、毅然とした態度で接することです」と。

そして、あと三日で退学が決定する、というとき、Hさんは〝親の階段〟を一段上がったのです。


「今までのお母さんとは違うのよ！」というムードを出せるかどうか、なのです

あと三日で退学が決まる日の夜、息子さんが部屋から出てきてHさんにこう言ったそうです。

「夜の十一時から朝まで、スマホを預ける。

誓約書を書くから、Wi-Fiのスイッチを入れてくれ」

ところが、誓約書を書いている途中、

「朝の八時まで、ということなんだけれど、六時にしてくれ」と息子さん。

もちろん、Hさんは、毅然とした態度で言いました。

「六時はダメだよ。

約束では朝の八時まで預けることになっているでしょ。

八時からならOKだよ」と。


すると、息子さんは突然、家電の延長コードを持ってきて自分の首に巻きつけ、

「この場で死んでやる！」

と、顔を真っ赤にして叫んだのです。

しかし、このとき、すでにHさんは〝親のあり方〟を覚えていました。

Hさんは息子さんをチラっと眺めると、その場から立ち去ったのです。

そして翌朝、退学まで残すところあと二日――。

息子さんはスマホをHさんに差し出してこう言いました。

「誓約書、書くよ」

息子さんから書き終わった誓約書を手渡されたとき、Hさんはこう言ったそうです。

「最後に何か、言うことはないの？」

息子さんは、何と言ったと思いますか？


「今まで、お母さん、ごめんなさい」

そう言ったそうです。

母親のHさんが、「今までのお母さんとは違うのよ」という態度を示したことによって、やっと、息子さんは素直になれたのです。

「バカバカしい」と思った瞬間、変われたんです

このあと、Hさんとお電話でお話をしました。

Hさんは、この五日間のことを振り返って、「最初は息子の言動に反応して、どうしよう、死んじゃったらどうしよう、と動揺するばかりだったんです。

それが先日、電気のコードをクビに巻き付けているのを見ていたときに、『なんなの、この子は……』って、冷めた目で見ている自分がいることに気がつきました。なんでですかね、息子の言動に反応していることがバカバカしくなって」


私はHさんに言いました。

「でも、あなたがそういうふうに考え方を変えただけで、子どもさんへの対応が変わり、息子さんも変わってきたでしょう」と。

「はい、おっしゃる通りです」

「今まではお母さんが折れてたから、〝親が折れるパターン〟を子どもは知っているんです。だから、親は折れちゃいけないんです」

「わかります。それにしても不思議ですね、私が折れないで、子どものワガママを突っぱねたら、息子が『お母さん、ごめんなさい』って」

元々〝やさしいお母さん〟だったHさん。

この日を境に〝やさしくて強いお母さん〟になりました。

一方の息子さんはというと、ギリギリセーフで退学は免れたそうです。

## お母さんだけのせいではない、ということを、周囲の人は理解してほしいのです

お母さんたちの「私が変わろう！」という思いが起点となって、子どもが成長していく、というエピソードをご紹介してきました。

それだけを見ていると、子どものワガママや暴言、不登校などといった問題の原因がお母さんにあるような気がしてしまうかもしれません。

でも、前にも少しお話させていただいたように、

「お母さんのせいだけではない」

というのが実際なのです。

本章の最後に、私がかかわった親子の実話をご紹介させていただきながら、

「子どもの不登校、ワガママや暴言などはお母さんだけのせいではない」

ということを再度、強調してお伝えしたいと思います。

## なぜか長男にだけ厳しい夫はわが家の〝一番目の長男〟

Iさんは、二人の息子さんを育てているお母さんです。

お兄ちゃんが不登校になり、Iさんからご相談を受けたのですが……。


Iさんのご主人は〝仕事づけ〟の毎日でした。

朝早くに家を出て、夜遅くに帰ってくる、という生活を送っていて、子育ては奥さんであるIさんに任せっきりです。

なのに、お兄ちゃんが不登校になったと、Iさんが伝えるや、

「おまえが悪い」

と、一方的に、Iさんのせいにし、

「どうして、こんなことになっているんだ」

おとなしい性格で、反論しようとしないIさんを責め立てるばかり。ご主人は自分自身を顧みる、ということが一切ありません。第三者の目で見て、ご主人はまるで「Iさんの家の長男」なのでした。

Iさんの話によると、ご主人は子どもの頃、厳しく育てられたそうです。

「そのせいか、小さい頃からなぜか、お兄ちゃんにだけ厳しいのです。お兄ちゃんは、主人から、運動会でも何でも一等賞をとることを求められ、一等でないと、『なんで、一等賞とれないんだ』と主人から責められるんです。義母、つまり、主人の実の母親からも、『お前はちょっと厳しすぎる』とたしなめられるほど、厳しいのです」

Iさんはそう言っていましたが、自分の生い立ちを理由にして、わが子に対して不必要なまでに厳しくしていいワケがないのです。

お兄ちゃんの不登校の原因の一つは、ご主人であることは明らかでした。

ご主人に、親としての自覚をもっていただこうと、Ｉさんは家出をしたり、実のお母さんからご主人に諭してもらったりして、最近はお兄ちゃんに対して口数が減ってきたようですが……。

「ダンナが変わることを当てにしていたら何も変わらない、私からまず変わろう」と、Ｉさんが心に決めたとたん、お兄ちゃんは学校に行きはじめました。

## 子どもにマナーや社会のルールを教えない夫

Ｉさんのケースとは、逆のケースもあります。

Ｊさんの家の、上のお兄ちゃんは、小学校の頃から中学受験のための勉強をさせられて、希望する中学に優秀な成績で入ったのですが、やがて学校に行けなくなってしまいました。一日か、二日くらい行ったら、その後は、バタっと行かなくなってしまいます。

「オレが学校に行こうが、行くまいが、あんたには関係ないだろう」

お兄ちゃんはそう主張していました。

そして、母親であるJさんに対して、親と思わないような態度をとるようになったのです。

ところが、父親（つまりJさんのご主人）は、お兄ちゃんのことを、まったく注意しようとしません。

Jさんからの依頼で、私がお宅に訪問し、お兄ちゃんと面談した際も、「はあ？　おまえ、何しにきたんだ」という態度でした。

それを見ていたJさんは「やっぱり、私が変わらないとダメだ」と考えるようになり、お兄ちゃんに対する対応を、ガラっと変えたのです。

「子どもの仕事は、学校に行くこと。

学校に行かない子に、食べさせるご飯はないわよ」

そのような態度で、お兄ちゃんに接するようになったのです。

お兄ちゃんは、「そうか、学校に行くのは仕事なんだ、働かざる者、食うべからずなんだ」

そう理解して、毎日、ちゃんと学校に行くようになりました。

私がかかわったときは「オレは友だちが一人もいない」とお兄ちゃんは言っていたのですが、学校に行くようになって、学校の帰り道、友だちとファミレスでご飯を食べてくるようにもなりました。

母親であるJさんの話によると、お兄ちゃんは現在、高校生活を楽しんでいるそうです。

## DV夫と実の両親の暴言に耐える母に反発する子ども

Kさんは三人の子どもを持つお母さんです。

いちばん下の娘さんが小学四年生の頃から指導させていただいています。
当時は、不登校のみならず、Kさんへの暴言、家にあるモノを壊したり、Kさんの髪の毛や洋服をハサミで切るなどしていたお子さんです。

ご主人はKさんに暴力をふるうため、住まいを別にしています。
さらに、実の両親が、親とは思えない言動でKさんを苦しませているのでした。
とくに、実のお母さんが、俗にいう毒親――子どもの人生を支配したり傷つけるなどして、子どもに害悪を及ぼす親を指す――でした。

Kさんは、「そういう母親にはなるまい」と、三人の子どもたちに愛情を注いで育ててきたのですが、不思議なことに、娘さんのKさんに対する態度が、実のお母さんと非常によく似ているのです。

ご主人と両親、そしてKさんと、娘さんの不登校をはじめとする問題行動との因果関係は明らかではないのですが、しかし、ご主人とご両親がまったく無関係とは言い切れない状況でした。

しかし、Kさんも、他の親御さんと同じように「私が変わらなくては」と考え、娘さんの言動に反応することなく、毅然とした態度を貫いたのです。

その結果、娘さんは再登校を果たし、現在は高校生活を送っています。

以前のように、Kさんの髪を切ったり、家にあるモノを壊すことはなくなりましたが、それでも、母親であるKさんに対する暴言は続いていました。

ところが、Kさんが両親と距離を置くようになり、さらに最近は娘さんへの対応にも慣れてきたせいか、娘さんに少し変化が見られるようになりました。

一番上のお兄ちゃんの就職が決まり、二番目のお兄ちゃんも希望する大学に入学して、親元を巣立っていく、ということで、

「今年の夏休みは、子どもたちと、旅行に行くことにしたんです。

娘はこないだろうと思ったのですが、娘のほうから『行きたい』と言ってきて、一緒に

行くことになりました」

## 結局、子どもがこうなったのは誰のせいなのかというと……

不登校の子どもをとりまく人間関係は一様ではなく、一概に「誰のせい」とは言えません。ただし、お母さん以外の〝いろんな登場人物〟も何らかの影響を及ぼしていることだけは間違いないようです。

とは言うものの、人は他人を変えることができない、変えられるのは自分だけなのです。

「だったら、私から変わろう」
そう心に決めた大人が、子どもの周辺からたった一人だけでも出てくると、いいのです。
そこから、いろんなことが変わりはじめます。

その〝たった一人〟は、誰なのか。

読者のみなさんはもうすでにごぞんじだと思います。

そうです、あなたなのです。

＊

では、なぜ、お母さんが変わらないといけないのか。

子どもの人生に登場する人物の、たった一人が変わることで、子どもが変わる。

その〝たった一人〟は、子どもにとって、いちばん身近な存在、お母さんなのです。

# 第4章

# 学校に戻れたら「幸せ」って本当ですか？

チチチチ…
△△月
不安
疑問
焦
いらだち
とまどい
あの頃は子どもだけの時間だったけど
家の中、だーれもいない…
今は自分の時間をとり戻した気がする
しーん…
あっ、今日は水曜日だわ
△△月
ヨガに行かなくちゃ
ごはん作って…
ぐつぐつ
したくをして…
♪〜
テキパキ
さあ出かけよう
バッ

私だって やりたいことがある
夢があることに気がついた
色々なことがあった
大変な毎日だった
疑問
いらだち
とまどい
焦り
不安
でも不登校があったから
この経験を経たから――
私たちの世界は
広がったと信じてる

## 一回だけ、学校に行ければそれでいいのですか？

この本のはじめ、第一章全体のタイトルを覚えていますか？

そうです、「どんな明日を思い描きますか？」というタイトルでした。

本書の最終章である、この章では、改めてこのことについて、みなさんと考えていきたいと思っています。

今この時点では「お子さんが再登校をする明日」を思い描いている方が多いのではないかと思うのですが、もうちょっとだけ明確なイメージを描いてみていただきたいのです。

どうして、イメージを明確にするんですかって？

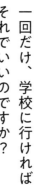

お子さんが一日や二日ほど、学校に行きさえすればいいのか、どうか。

そうではなく、当たり前のように、継続的に登校するようにしたいのか、どうか。

どんな明日を思い描くかによって、やるべきことが違ってくる、と私は思っているのです。

## 私たちにとって、再登校は〝最終ゴール〟ではありません

私の肩書は「復学カウンセラー」です。

すでに、みなさん、ごぞんじの通り、私の場合、日々のカウンセリングは、小・中学生の、不登校のお子さんを持つお母さんを中心におこなっています。

そして、「学校に行きたい」という気持ちを言葉に出したお子さんに対して、「登校指導」といって、再登校に向けた指導をおこなうことがあるのですね。

それは、本音は「学校に行きたい」のだけれど、行くのをためらってしまうような〝事情〟を、子どもたちが抱えていることが多いからです。

とくに不登校期間が長くなればなるほど、「行きたい」という気持よりも、不安のほうが大きく、しりごみしてしまう傾向があるんです。

そこで、私どもが、それぞれのお子さんが抱える〝事情〟に配慮しながら、再登校のハードルを低くするために、「じゃあ、こうしましょう」「それがダメなら、ああしましょう」というように提案・指導をしているわけです。

もしかしたら、今「わが子のことは、いちばん近くにいる親がフォローしたほうがいいのでは？」と思った方も、いらっしゃるのではないでしょうか。

そのお気持ちは、とてもよくわかります。私もそう思っていた時期がありましたから。

ただ、私や私がこれまでにかかわってきたお母さんたちが、経験から学んだことは、親がわが子に「こうしよう」「ああしよう」と提案・指示出しをしても、子どもの反発を招くばかりで、何の役にも立たない、ということだったのですね。

また、この時期は、親子間の〝人間距離〟が適切とは言い難い状態、ストレートな表現をすれば「子離れ」「親離れ」ができていない状態であることが非常に多いです。

そういったことから、私は「再登校に向けた提案・指導は第三者がやったほうがよい」と考えています。

## 復学に必要な〝土台づくり〟とは……

では、第三者に子どもの問題を任せている間、親御さんは何をするのですか、というと、私はよく、お母さんたちにこう言います。

「お子さんの問題・悩みは、私たちが解決します。その間に、お母さんは〝土台づくり〟をしてください」と。

〝土台づくり〟とは、復学のための〝土台づくり〟です。

ちなみに私が言う「復学」とは、子どもが継続的に学校に登校している状態のことです。

さらに言わせていただけるのならば、この〝土台づくり〟は、お母さんと家族の〝しあわせの土台づくり〟でもある、と言っても言い過ぎではないでしょう。

これから、私がかかわった親子の実話を紹介しながら

「〝土台づくり〟とは具体的にどういうことなのか」

ということを、みなさんに、お伝えしていきたいと思います。

**再登校前、子どもの言うことがころころ変わる、**
**それは子どもの性格の問題ではなく、そういうものなのです**

「学校に行きたい」という意志を示してから実際に再登校するまでの間、子どもは〝葛藤〟というものを体験しています。

〝葛藤〟とは、心のなかで相反する二つの気持ちが戦っているのです。学校に行きたい気持ちと、再登校してみないと何が起きるかわからない不安とが、押しあいへしあいして

いるのです。

そのため、昨日は「学校に行きたい」と言っていたのに、今日は「無理だ、絶対無理！」と言いだしてみたり、日によって言うことが違う、ということが起きてきます。

なかには、親が心配するようなことを言ってくる子どももいます。

Lさんの息子さんは、われわれと話し合って「これから再登校に向けて準備を始めます」という意思を表明したのですが、その日の夜に、母親のLさんの寝室まできて、こう言ったそうです。

「お母さん、明日、仕事から帰ってきたら、オレ、どこかに消えていなくなっているかもよ」

この発言、母親としては、ドキドキものだったと思うのですが、それでも、Lさんは深刻に受け止めないよう、がんばって、

「あっそ」

と聞き流したのでした。

## 子どもを伸ばす「あっそ」「へぇ」「そうなんだ」

なぜ、Ｌさんが「あっそ」と聞き流したのか。

それには理由があります。

それは、子どもに自分で考える時間を与えるためです。


もし仮に、自分で考える時間を与えずに、親が子どもに指示出しをしたり、提案をしたとすると、子どもはどうなると思いますか？

「お母さんは何もわかってくれない」

と、子どもは思うのです。

そうなると、子どもはますます親に反発するか、心を閉ざしてしまうか、どちらかです。

だから、こういう場合、親は「あっそ」とか、「へぇ」とか、「そうなんだ」とか、聞き流し、子どもの言動にふりまわされず、どっしりと構えることです。

最初はどっしり構えるフリだけで十分です。心のなかはハラハラ、ドキドキでも、見た目だけ毅然としていれば、子どもは「あれ？何か、マズかったかな」と思います。

そして、自分の部屋に閉じこもって考えはじめるのです。

「本当はどうしなきゃいけなかったんだろう」

「これから、どう変わっていかなきゃいけないんだろう」と。

ひと晩で答えが見つかる子もいれば、そうでない子もいます。

でも、どんな子どもも、やがて必ず自分で答えを見つけていきます。

人間というのは、そういうものなのです。

子どものペースにまきこまれたら、かえって、子どものためになりません

話をLさん親子の実話に戻します。

息子さんが「オレ、いなくなってるかも」と言った、翌日のことです。

夕方、仕事を終えて帰ってきたLさんは、ベランダに出て考えごとをしている息子さんの姿を発見しました。

その姿を見たLさんは心配で、いてもたってもいられなかったのでしょう。

私のもとに、Lさんからのメールが届きました。

「夕飯だよ、って言ってたのに、息子がベランダでたそがれちゃっているんです。ウチは高層マンションの十二階なんですが、息子に何か声をかけたほうがいいのではないでしょうか」

というメールに、私は「声がけはしないでください」と答えました。

そして、「夕飯を食べにこない、ということは、そんなにお腹がすいていないのかもわかりませんね。

『食べないなら、片づけちゃうよ』って、ひと言、言ってみたらどうですか?」と返信しました。

Lさんは息子さんに「片付けちゃうよ」って言ってみたそうです。
するとお息子さんは、ご飯を食べにきたそうです、
さらにその日の夜、Lさんの寝室に息子さんがやってきてこう言ったそうです。
「オレ、明日、死んでるかもね」

## その試練は、本人にしか乗り超えられません

「どうしましょう、先生」

Lさんからのメールに、私は、まず「大丈夫！」と言いました。

と言うのは、今まで、そういうことを言ってきた子どもで実行した人は一人もいないからです。

また、厳しいことを言うようですが、息子さんは「かまってほしい」のでしょう。だから、親が心配するようなことを言うのです。

その気持ちに寄り添ってしまったら、なかなか現状は変わっていきません。

何より、これは息子さんにしか乗り超えられない試練なのです。

だから、私はLさんにこう言いました。

「お母さんは『あっそ』って聞き流すだけでいいですよ。

あとは、子どもが自分で考えますから」

## 親が動揺しなければ、子どもは落ち着いてきます

その日の夜、Lさんは息子さんのことが心配で眠れませんでした。

朝、息子さんはリビングにおりてきません。

「部屋で今、何をしているのかしら……」

Lさんは、気になってしかたがないのですが、その一方で、

「ここで、私が、あの子の部屋に入ってしまったら……」

そう思ったとき、部屋のドアをノックしようとした手が止まってしまいました。

Lさんは、心配をふりきるようにしてその場を離れ、職場に向かいました。

そして、夕方になり、家に戻ってきたとき、Lさんは拍子抜けしてしまったそうです。なぜなら、自室から息子さんが出てきて、Lさんの顔を見るや、いつもと同じように「お腹すいた」と、言ったからなのでした。

それからというもの、息子さんは、Lさんが心配するようなことは言わなくなりました。息子さんの心のなかで繰り広げられた戦いは三日で終わり、それからは、当初の予定通り、再登校を果しました。

もちろん、息子さんは今も継続的に学校に通っています。

## 正論よりも、もっと大切なことがあるのです

読者のみなさんは、お子さんの不登校を解決しようとして、この本を手に取ってくださったのだろうと思います。

そして、今、みなさんが願っていることは「子どもが再び学校に行くこと」なのかもしれません。

実を言うと、「再登校」自体は、私たちにとって難しいことではありません。

「登校するだけ」ならば、親御さんが想像している以上に、すんなりと、登校できてしまいます。

学校はゴールじゃない！

けれど、私たちが目指しているのは「学校に行くことだけ」ではないのです。

子どもも親も、今よりしあわせになれる、そんな「復学」を、私たちは目指しています。

## “決まりを守ること”が常に正解ではありません

以前、中学生の男の子を再登校させたときの話です。

その男の子のお母さんを仮にMさんと呼びましょう。

再登校の後、Mさんから「また学校を休みました」というメールが届きました。

次の日もメールがきて、「今日もまた行きませんでした」と。

そして次の日も、「また休みました」とのことでした。

Mさんに、その原因について何か思い当たることはないか、聞いてみたのですが、「わからない」とのこと。

ところが、後日、うちのスタッフが息子さんに会いに行ったんです。

そしたら、そのスタッフ曰く、「息子さんはアトピーなんですね。皮膚がぐじゅぐじゅして、かゆくて眠れなかった」とのことでした。

私はすぐ母親のMさんに確認の電話をしました。

「そうなんです、アトピーなんですよ、あの子」

Mさんはそう言って、あっけらかんとしています。

「息子さんは、かゆくて寝てないんですよ。それじゃあ、学校に行けなくて当然ですよ。どうして息子さんを病院に連れて行かないんですか？」

私がそういうと、Mさんは「え？」全然ピンときていない様子。

## 学校に行かせることが最も重要な目的ですか？

「あの、先生、子どもに提案してもいいんですか」

なるほど、そういうことかと私は思いました。

私は、指導をしているお母さんたちに、よく、

「親から子どもに提案したり、指示出しをしたり、するのは、やめましょう」

ということをお伝えするのですが、まじめなMさんは「言われたことは、何が何でも守らなきゃ」って、思ってしまったのでしょう。

「確かに、私は提案とか、指示出しはやめましょうね、って言いました。

でも、ときと場合というものがあるじゃない？

今は、息子さんのアトピーの治療を優先しないといけないときなんです。

息子さんに、いっしょに病院へ行こうって、言ってください。

そして、ちゃんと診てもらってね」

私がそう言うと、Mさんは「病院に連れて行っていいですね」と言いました。

「お母さんは学校に行かせようと思っているけど、順番が逆ですよ。

アトピーがよくなれば、夜も眠れて、学校にも行けるようになりますから」

私はそう言うと、続けてMさんにこんな問いかけました。


「お母さんはどういう目的で、私の指導を受けることにしたんですか？

お子さんが学校に行く、ただ、それだけが目的ですか？　違いますよね。

それよりも、もっと大切な目的があると思うんです」

## 〝親の喜び〟とは何でしょう

最初にお会いした頃、Mさんは息子さんのことについて、

「私が何を言っても無駄、言うことを聞いてくれないんです」

と、よくボヤいていました。


ところが、あの一件で、Mさんは気がついたのです。

「私は、世間で正しいとされていることは何なのか、そればかり気にして、そこから外

れないようにしようと必死でした。

子どもにとっていちばんいいことは何なのか、ということを考えるゆとりがなかったんです。

だから、子どもは私の言うことに聞く耳を持とうとしなかった」と。

それ以来、Mさんは、子どもにとっていちばんいいことは何なのか、ということを考えながら、私が教えた「親の対応」を実践するようになりました。

マニュアル通りの子育てから、その場、その場で臨機応変に対応していく子育てに変わっていったのです。


あのとき中学生だったMさんの息子さんは、現在、高校生。

時々、人間関係で悩んだりすることもあるけれど、「よりよく楽しく過ごすにはどうしたらいいか」息子さんなりに模索しながら、高校生活を楽しんでいるようです。

そうやって日々、成長している息子さんの姿を見るのが、今のMさんの楽しみなのだそうです。

ひと言メモ

## 子どもにとっていちばんいい【親の対応】のヒント

Mさん親子の実話のなかでお伝えしたように、子どもにとっていちばんいい〝親の対応〟は、その子どもによって、あるいは、そのときの状況によって臨機応変に考えていかなくてはなりません。

ただ、基礎知識として、知っておいたほうがいいことがあります。それは、どんな子どもにも良心がある、ということです。

子どもは親と比べると、経験が少ないために、人に迷惑をかけるようなことをすることがあります。

また、自分のワガママを押し通したいがために親を困らせるようなことをしたり、心配するようなことを言うこともあるんです。

そういう子どもたちにも、実は、良心があるのです。

彼らを、よりよきほうへ導いてあげたいと思うのであれば、良心を引き出すことが大切です。良心を引き出すことができれば、子どもは自発的によりよき道へと進みだします。

最近は、子どもの気持ちに寄り添ってあげなくてはいけないと思っている親御さんが結構いらっしゃるのですが、子どもの気持ちを理解しようとすると、子どもは「ワガママや甘えはゆるされる」とカン違いしてしまいます。そうです、ただ寄り添うだけでは良心を引き出すことができないのです。

それよりも、効果的なのは「沈黙」です。親が何も言わないで黙っていると、子どもは「なんか、マズいことしちゃったかな」と、わが身を振り返るのです。

このとき子どもの良心は引き出されます。そして、自分の意思でよりよきほうへと、進んでいくのです。

## 自分がやられて嫌だったことを、子どもにしないでください

中学二年生の娘さんを持つお母さんのNさんに、先日お電話をしました。

娘さんは再登校後、何の問題もなく、自分の足で一歩ずつ前に進んでいるのですが、N

さんのほうが、娘さんを自分の色に染めようとするクセが抜けきれないのでした。

先日お電話したときも、Nさんは「先生、今度、高校のオープンキャンパスがあるんですけど、娘を連れて行きたいんです、いいですか？」と言うのです。

私は「娘さんが行きたいと言っているんですか？」とたずねました。

するとNさんはこう答えたのです。

「いいえ、私がネットで調べたんです。この学校だったら、うちの娘、行けるかも、と思って」

「お母さん、そういう心配はやめてください」

「えっ、ダメですか？」

「自分が娘さんの立場だったら、どうですか？　行きたくもない高校のオープンキャンパスに連れて行かれて、うれしいですか？」

「うれしくはないです」

「でしょ？　それと同じことを自分の子どもにしないでくださいよ。

もう一度、娘さんが再登校したときのことを思い出してください。

朝、学校に出かけて、夕方、部活を終えて『ただいま、お腹すいたー』って帰ってくる。そういう姿を見ただけで、『あぁ、ありがたい』と思ったでしょ」

「はい、思いました。不登校してたときには。もう二度と戻りたくないです」

「よかった、その気持ち、忘れないでくださいね」

そんな話をして、電話を切りました。

## 子どものしあわせを願うのなら、自分がもっとしあわせになるんです

Nさんに限らず、再登校後、順調に行っていると〝親の欲〟――子どもを自分の色に染めようとしたり、自分の意のままに子どもをコントロールしようとする欲求――というのが、再び顔を出すことが少なくありません。

これは長年しみついた生きグセです。

このクセを修正するには、Nさんにも言ったように、再登校後の子どものいきいきとし

た姿を見たときに感じた〝しあわせ〟を思い出すことです。

そして、もう一つ、大切なことがあります。

それは、親御さんが、子どものことより、自分自身の〝しあわせ〟についてもっと真剣に考えることです。


何か習いごとをしたいのであれば、それを習ってみるのもいいでしょう。

とくにこれといった趣味はないけれど、何か人の役に立つことをしたいのであれば、地域のボランティア活動に参加してみるのもいいでしょう。

とにかく、それまで子どものために使っていた時間と労力を、自分の好きなこと、やりたいこと、自分が楽しいと思えることに使ってみてください。

そうすると、お母さんが、今よりもっと〝しあわせ〟になります。

それだけではありません。

お母さんのしあわせな笑顔が、子どもやご主人の心を和ませます。

家族みんなが〝しあわせ〟になるのです。

そう、自分の〝しあわせ〟を考えることは悪いことではないのです。

むしろ、周りにいる人たちのためになるんです。

## 「こんな子はもう育てられません!!」そう思ったとき、〝しあわせの歯車〟が周りはじめます

前にも言ったかもしれませんが、私がかかわったお母さんたちは、全員、子どもに対する愛情をお持ちです。

子どもに暴言をあびせられても、子どもが暴れて家にあるものを壊したりしても、家出をしても、「私がなんとかしなければ」と思っています。

そういうお母さんに、私は時々、こんな問いを投げかけます。

「母親であるあなたに、こんな、ひどいことをするし、言うこともまったく聞かない、こんな子どもを、まだ育てるつもりですか?」って。

きっかけは、あるお母さんのひと言でした。

そのお母さんを、仮にOさんとおよびしましょう。

Oさんの娘さんを、小学六年生の頃から指導しているのですが、ご主人も私どもの考え方―― 親が変わると、子どもも変わる ――を理解してくださり、Oさんに対しても協力的でした。

ただ娘さんのほうが、親の心、子知らず、と言いますか、親の目の前で自分で自分の首を絞めて気絶してみたり、とにかく両親を困らせるようなことばかりするのです。

Oさんは、ふりまわされ、疲れ果てて、ある日、私にご自分の胸のうちを打ち明けてくれたのです。

「先生、私、こんな娘、もう育てたくないです」と。

私は、Oさんの本音を聞いたとき、正直「よかった」と思いました。

## 「こんな子はもう育てられない」ではなく、そもそも親が子どもにしてあげることがないのです

Oさんは「育てたくない」という、ご自分の思いを「よくないもの」ととらえていたようですが、本当は、そんなふうに思う必要はないんですよね。

だって、現実的に、親が子どもにしてあげられることは、そんなに多くないのですから。

それよりも、学校や地域など、家の外で出会う人々と交流するなかで、子どもはいろんな経験をします。よかった経験だけでなく、失敗経験もたくさんあるでしょう。この失敗経験こそが、実は、子どもをもっとも成長させてくれるものなのです。

そういう意味で、親が子どもにしてあげられることは、あまりないのですね。

とくに中学生にもなれば、親は、ご飯をつくるぐらいしかありません。

ところが、不登校のお子さんを持つお母さんは、その愛情深さゆえに、その逆をやってしまっているわけです。

だから、私はお母さんたちに、お子さんとの〝人間距離〟を十分とってください、という指導をしているのですね。

ですから、Oさんが「育てたくない」という本音を聞いたとき、「これは適切な〝人間距離〟がとれる、いいチャンスだ」と、私は思いました。

事実、Oさんがこの本音をもらしたときを境に、娘さんへの接し方が変わっていきました。毅然とした態度で、娘さんに「ダメなものはダメ」と言うようになったのです。

そして、娘さんも社会に適応していくようになりました。

今では、一人暮らしをしながら、大学に通っているのです。

もし、読者のみなさんのなかに、「こんな子、もう育てたくない」と思っていることに対して罪悪感をお持ちの方が、もし、いらっしゃったら、自分のことは責めないでください。

そう思ったのは、いけないことでは決してありません。

むしろ、ご自身がいいふうに変わり、子どもも変わる、いいチャンスです。

## 親も子どもも、もっとのびのびイキイキしていいのです

「一人の子どもを育てるには一つの村がいる」ということわざがあるのだそうです。

実は、このことわざは、ある新聞のコラムに紹介されていたものなのですね。

そのコラムには、アメリカの政治家の子どもの頃のことが書いてあったんです。

子どもたちが人の道を踏み外さないよう、地域の大人たちが見守っていたんです、と。

つまり、子どもたちは、親だけでなく地域の人々によって育てられる、ということを、そのコラムは伝えていたのです。

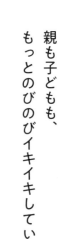

ちょっと前の日本でも、家の外での子育てが「ふつう」に行われていました。

私は「昔はよかった」的な話をするつもりはないのですが、ただ〝人間距離〟が密な親子が増えている昨今、昔の子育てのいいところは、今に活かしていったほうがいいだろうと思うのです。

## 小さな箱（思い込み）の外に出てみてください

三人のお子さんを持つ母親Ｐさんに、先日、こんなことを言われました。

「あや先生の指導を受けて本当によかったです。もし、指導を受けていなかったら、私たち夫婦はわが子にしていることに気づきませんでした。

このまま子どもたちの可能性を踏みつぶしていたら、どんなことになっていたでしょう、想像するのも恐ろしいです」

私と出会う前のＰさんは、ご主人といっしょになって、三人のお子さんたちを、「手塩

にかけて育てていた」というよりも、まるで機関銃のように、

「ゲームしないで、勉強しなさい」

「塾に行きなさい」

「あれしなさい、これしなさい」

「これやっちゃダメ」

などと、子どもたちに指示出しをしていました。


そうしなければ、子どもたちはできないと、Pさんご夫婦は思い込んでいたのです。


ところが、指導を受けている間、子どもたちへの指示出しは禁止となったのですね。

そうすると、親が指示出しをしなくなった結果、子どもたちに自立心が芽生え、親に言われなくても「何をやるべきか、自分で考え、やる」ようになったのだそうです。

Pさん夫婦は、子どもたちの変化を見て、

「今まで、自分たちがやってきたことは何だったんだろう」

そう思ったのだそうです。

**子どもにとっても、親にとっても、しあわせな世界があるんです**

Ｐさんの三人のお子さんのなかでも、いちばん変わったのは、いちばん下のお子さんでした。

彼は野球が好きで、「野球をやりたい」と言っていたのですが、母親のＰさんと、お父さんに「ダメ！」と言われていました。

そして、野球の代わりに、「塾に行きなさい」と言われていたのです。

息子さんは、「塾に行きたくない、絶対に嫌だ」と抵抗していました。

ところが、私からＰさん夫婦にこう言いました。

「子どもたちに、もっとのびのびとさせてあげてください。一切、口出ししないでください。それと、下のお子さんに、野球をさせてあげて」と。

Pさんは、息子さんに、好きな野球をさせました。
すると、息子さんは、自分の意志で「塾に行く」と言ってきたのだそう。
もちろん、好きな野球も続けていて、とてもイキイキとしています。

〝いいこと〟はそれだけで済みませんでした。

Pさんやご主人も、子どもの時間管理をしなくていい、子どものお尻を叩きながら「あれ、しなさい」「これ、しなさい」と言わなくてよくなったのです。
そのことに気づいたとき、Pさんは気づいたのです。

自分は子育てにしばられていると思っていたけれど、本当は、「親が指示出ししなければ子どもはダメになってしまう」という思い込みが、自分たちをしばっていたのだと。

思い込みから解放されたPさんは「子育てに追われる人生」から「自分のやりたいことをして楽しい人生」へと切り替わったそうです。

お母さん、一人でがんばらなくていいよ

先ほどご紹介したPさん親子のように、

❶ 親が子どもに提案・指示出しするのをやめる
❷ 子どもに自立心が芽生え、自分で考えて行動するようになる
❸ 親は子育てが楽になり、自分の人生を謳歌するようになる
❹ ますます子どもはのびのびでき、自分のやりたいことがやれてイキイキ

このような好循環が起きてくるのが、私どもの復学支援でもっともよく見られる「典型的なパターン」です。

このパターンが起きてくる、いちばん最初のキッカケは、親御さんの変化（前ページのチャートの❶）なのですが、子どもが復学すると、この好循環に拍車がかかります。

なぜなら、学校や地域など家の外でいろんな人々と交流するなかで、子どもはよりよく生きる知恵をどんどん吸収し、成長していくからです。

また、そういうお子さんの成長ぶりを目の当たりにすることで、親御さんたちは、ご自分が学んできた〝親の対応〟で「間違いないのだ」と思い、自信をもって対応していくようになります。

このようなことから、私たちは、お子さんの復学はできるだけ早いほうがよいと考えています（長期にわたって不登校となっているお子さんであっても復学は可能です）。

ただし、私たちが目指しているのは復学だけではありません。

子どもも、親も、のびのびイキイキと生きて、しあわせになっていく、そんな世界を私たちは目指しています。

不登校を克服した親子たちの〝声〟が、今それを必要とする人たちに届きますように――。

そう祈りつつ、今日も私はお母さんたちをはげましています。

「お母さん、もう一人でがんばらなくていいよ」って。

のりこえてきた…

# 母たち応援団！

## おわりに

最後まで読んでくださり、みなさまに心より感謝いたします。

本書の「はじめに」のほうで「復学は難しくない」と私は言いましたが、それは親の意思を尊重して無理やり行かせる、ということではありません。

第三者が子どもの心の奥にある〝言葉にできない思い〟を引き出し、さらに親御さん（ことに子どもと接する時間が長いお母さん）が〝変わった〟——もう一段、親の階段をあがった、自分もこのままではいられないかも——という現実を子ども自身が目の当たりにすることによって、自分から「学校に行く」流れができてくる。ということが、読者のみなさんに伝わったらうれしいです。

親御さんとしては、わが子のために一生懸命なのでしょう。

本を読むなどして得た知識でもってお子さんに指導される方もいらっしゃいますが、子どもが成長するのに必要な、親子間の適正な距離感と、親としての対応が身に着いていない状態でそのようなことをやられると、かえってこじれることが多いように思います。信頼のおける専門家にご相談されることをおすすめします。

本書のなかでもお話させていただきましたが、私たちが目指しているのはあくまでも「継続登校」です。

なぜなら、友だちや学校の先生といろんな経験をしながら笑ったり泣いたりすることを通して子どもは成長していくからです。そのためには、継続して登校することが重要であろうと私たちは考えています。

親御さんには、継続登校の土台づくり、つまり「親の階段をのぼる」ということをしていただかなければなりません。

最初は一段あがるのだってたいへんです。自分が何をやっているのか、わからない。迷ったり、悩んだり、「もう、いいか」とあきらめそうになったりします。

そんなときは、家族でもない、学校の先生でもない、専門の知識と経験を積んだ第三者の存在が〝助け〟になります。

お子さん、そして家族の〝しあわせな明日〟に向かって進んでいく親御さんの〝よき伴走者〟として、私もいっしょに走り続けます。

お母さん、もう、ひとりで戦わないでいいのです。

著者　鈴木あや

**著者略歴**

鈴木　あや　(すずき　あや)
小学3年生の息子が不登校になり、それをきっかけに、復学カウンセラーとなる。
それから15年以上、北海道から沖縄まで全国飛び回り、子どもの不登校で悩むお母さんたちに伴走しながら、復学支援の活動に従事している。

**復学支援**　ある日、うちの子が学校に行かなくなったら②

2023年3月7日　初版発行

著　書―― 鈴木あや
発行者―― 小崎奈央子
発行所―― 株式会社けやき出版
〒190-0023　東京都立川市柴崎町3-9-2　コトリンク3階
TEL 042-525-9909／FAX 042-524-7736
https://keyaki-s.co.jp
装　丁―― 前田奈津子
挿　画―― かぶらぎみなこ
編　集―― 道井さゆり・平田美保
印　刷―― シナノ書籍印刷株式会社


ISBN978-4-87751-627-7　C0037